Marianne Alexander wurde im Westfälischen geboren. Nach der Hauptschule besuchte sie die gymnasiale Oberschule der Gesamtschule, die sie aber nach zwei Jahren ohne Abitur verließ, um eine Ausbildung als Masseurin und medizinische Bademeisterin anzufangen. Bis 1990 arbeitete sie in diesem Beruf. Danach begann sie, Kurzgeschichten zu schreiben.

Dieses Buch wurde auf chlor- und säurefreiem Papier gedruckt.

Originalausgabe Juli 1993
© 1993 Droemersche Verlagsanstalt Th. Knaur Nachf., München
Das Werk einschließlich aller seiner Teile ist urheberrechtlich geschützt.
Jede Verwertung außerhalb der engen Grenzen des Urheberrechts-
gesetzes ist ohne Zustimmung des Verlages unzulässig und strafbar.
Das gilt insbesondere für Vervielfältigungen, Übersetzungen,
Mikroverfilmungen und die Einspeicherung und Verarbeitung
in elektronischen Systemen.
Umschlaggestaltung Adolf Bachmann
Umschlagfoto Studio Elmar Kahn, Landshut
Satz MPM, Wasserburg
Druck und Bindung Elsnerdruck, Berlin
Printed in Germany
ISBN 3-426-75023-6

2 4 5 3 1

Marianne Alexander

Im Bruchteil einer Sekunde

*Ein Mädchen überwindet
die Folgen seines schweren Unfalls*

*Dieses Buch ist
meinen Eltern gewidmet*

1

Eiskalt spürte ich das Ende der Osterferien in Form eines nassen Waschlappens, den mir meine Mutter beim dritten Weckversuch ins Gesicht klatschte.
In hohem Bogen schleuderte ich ihn von mir. Ich haßte diese schmutzigen Tricks.
Langsam quälte ich mich aus dem Bett und latschte ins Badezimmer.
Noch immer im Halbschlaf, zog ich meine Einheitskleidung, bestehend aus Jeans, langärmligem T-Shirt und Turnschuhen, an und ging ins Eßzimmer.
Während ich frühstückte, schmierte Mutti meine Pausenbrote.
»Freust du dich auf die Schule?« fragte sie scheinheilig.
»Auf die Schule nicht, aber auf die Leute. Ich bin gespannt, was die zu meinem neuen Fahrrad sagen werden«, antwortete ich.
»Fahrrad, Fahrrad, Fahrrad. Ich höre nur noch Fahrrad. Wie konntest du bloß all die Jahre ohne ein Rad existieren?«
»Das frage ich mich auch«, erwiderte ich.

Das »Fahrradproblem« hatte unsere kleine Familie lange Zeit beschäftigt. Ich wollte unbedingt ein Rad, weil ich damit den drei Kilometer langen Schulweg schneller als zu Fuß bewältigen konnte. Aber das was nicht der einzige Grund. Jeder in meiner Klasse hatte ein Fahrrad. Ich wollte dazugehören. Im Alter von zwölf Jahren gab es nichts Schlimmeres, als ein Außenseiter zu sein.

Mein Vater weigerte sich, mir ein Fahrrad zu kaufen, weil er meinte, daß ich mich damit nur totfahren würde. Papa war vor zwei Jahren mit fünfundvierzig Frührentner geworden, und seitdem hatte er eine Menge Zeit, sich auszumalen, welche Gefahren hinter jeder Ecke darauf warteten, seiner einzigen Tochter das Lebenslicht auszublasen.
Mutti hatte als Hausfrau auch viel Zeit, sich Sorgen zu machen, doch ihre angeborene positive Einstellung zum Leben verhinderte das. Sie stand dem »Fahrradproblem« eher liberal gegenüber.
Oma war an manchen Tagen auf meiner, an anderen auf Papas Seite. Bei Oma schwankte das je nach Gemütslage.
Der Kampf wurde also, wie so oft, zwischen Papa und mir ausgetragen. Jeden Tag lag ich ihm mit dem nicht vorhandenen Rad in den Ohren, so lange, bis es ihm reichte.
Nachdem ich alle Register gezogen hatte, gab er sich geschlagen. Ich hatte tausend gute Gründe angegeben, gebettelt, geweint und gedroht, mir alleine ein Rad zu kaufen und es bei unseren Nachbarn zu verstecken.
Kurz vor Ostern kauften wir ein schönes neues giftgrünes Fahrrad. Ich hätte vor Stolz platzen können, als ich es in die Einfahrt unseres Hauses schob und meine besten Freunde, die Nachbarskinder Susann und Thommy, es begutachteten. Die Zwillinge waren ein Jahr jünger als ich und besaßen schon seit »Ewigkeiten« Fahrräder.

Ich schob mir das letzte Stück Toast in den Mund. Kauend zog ich mir meinen schwarzen, halblangen Mantel an, schnappte meine Schultasche und war schon fast weg.
»Margit«, rief meine Mutter hinter mir her, »fahr bloß vorsichtig!«
»Ja, ja. Hoffentlich ruft ihr nicht in der Schule an, ob ich gut angekommen bin. Das wäre echt das letzte.«

Mit diesen netten Worten machte ich mich auf den Weg. Als ich auf den Schulhof fuhr, war noch keine Menschenseele zu sehen. Ich war viel zu früh dran. Das fand ich super. Vielleicht ließen sich dadurch ab morgen noch fünf Minuten im Bett rausschinden ...

Um Viertel nach acht begann der Unterricht. Vorher aber schnatterten alle durcheinander.
»Wie waren deine Ferien?« fragte mich meine Freundin Daniela, Danni genannt.
»Gut«, antwortete ich kurz. »Und deine?«
Das hätte ich nicht fragen dürfen, denn sie erzählte mir den Tagesablauf der letzten drei Wochen in allen Einzelheiten. Als sie die neuen Schuhe ihres Vaters zu beschreiben begann, die er sich in Schweden gekauft hatte, schaltete ich ab und ging meinen eigenen Gedanken nach.
Das Beste an den Ferien war, daß ich abends lange fernsehen durfte. Fernsehen war eine meiner vielen Lieblingsbeschäftigungen. Am schönsten fand ich es, alles auf einmal zu tun. So saß ich fast jeden Ferientag in meinem gemütlichen Sessel, hörte Popmusik mit einem kleinen Ohrstöpsel, las ein Buch und ließ gleichzeitig den Fernseher laufen. Mit der noch freien Hand wühlte ich in der Kartoffelchipstüte. Auf diese Weise wußte ich, welche Popgruppe auf welcher Hitparadenplazierung war, wie das Buch weiterging und wer in den diversen Shows gesiegt hatte, ohne daß ich Zeit verlor.
Mutti meinte, daß man dabei zweifellos verrückt werden müsse, aber das hatte sich bisher nicht bestätigt.
»Hörst du mir überhaupt zu?« schrie mich Danni an.
»Äh ... ja ... doch.«
»Was habe ich gerade gesagt?«
»Du hast mich gefragt, ob ich dir zuhöre«, antwortete ich.

Sie fing an zu lachen und boxte mich in die Seite.
Frau Seifert, unsere Lehrerin betrat den Klassenraum.
Es dauerte eine Weile, bis der Lärmpegel auf Flüsterlautstärke abgesunken war.
»Guten Morgen! Hoffentlich habt ihr euch in den Ferien gut erholt, damit wir jetzt wieder richtig loslegen können«, begrüßte uns Frau Seifert.
Als Antwort erhielt sie lautes Gestöhne und andere Töne des Mißfallens, bis hin zu Buhrufen.
Sie ließ sich nicht beirren und stellte die Anwesenheit der Schüler der Klasse 7b fest.
»Berger, Nicole?«
»Hier!«
»Dirksen, Bernd?«
»Jawoll!«
Während Frau Seifert uns aufrief, konnten wir noch ein wenig tratschen. Der Lautstärkepegel schwoll wieder an.
»Mertens, Margit?«
Ich bekam nichts mit und tuschelte eifrig weiter.
»Mertens, Margit???« sagte Frau Seifert jetzt etwas lauter.
»Ja ... äh ... hier!« stammelte ich.
Die Sache war mir entsetzlich peinlich.
»Hat Tante Margit heute wieder Kummerstunde?« neckte mich Frau Seifert.
Mein »Nebenjob« war in Lehrerkreisen allgemein bekannt. Ich war in der Klasse so etwas wie eine »Kummerkasten-Tante«. Viele kamen zu mir, um mir ihre Sorgen zu erzählen. Manchmal wußte ich Rat, manchmal nicht, aber ich konnte gut zuhören und ging mit den Geheimnissen nicht hausieren. Mein »Fragen-Sie-Frau-Margit«-Status verhalf mir dazu, immer auf dem laufenden zu sein.
Die meisten Sorgen, die mir anvertraut wurden, drehten sich um Jungs. Da ich viel hörte, wußte ich, wer mit wem

»gehen« wollte, sich aber nicht traute, es der betreffenden Person zu sagen. Da konnte ein guter Tip meinerseits schon recht nützlich sein.

Der Unterricht begann mit Mathe. Ich mußte mich konzentrieren, denn Mathe war nicht gerade meine Stärke. In der Welt der Zahlen war ich noch nie zu Hause gewesen. Mit vielen Hausaufgaben endete der erste Schultag. Genervt verließen wir das Schulgebäude. Ich ging mit einigen Klassenkameraden zum Fahrradplatz. Den ganzen Vormittag hatte ich meine Klappe gehalten und präsentierte ihnen nun mein schönes giftgrünes Rad.

»Ist ja super!« rief Danni.

»Die Farbe ist echt heiß«, meinte Carlo.

»Seit wann kannst du denn radfahren?« wollte Erika wissen.

»Doofe Frage! Das hab ich als Kind gelernt, du Idiot!«

»Das müssen wir aber einweihen«, sagte Nicole.

»Klar, ich geb euch 'ne Limo aus, wenn ich wieder Knete hab«, versprach ich.

Dann machten wir uns auf den Heimweg. Viele meiner Klassenkameraden fuhren mit dem Bus nach Hause. Da sie einen Schulweg von über drei Kilometern hatten, bekamen sie eine Buskarte von der Stadtverwaltung, die sie zu kostenlosen Busfahrten im Stadtbereich benutzen durften. Ich bekam keine, weil ich bloß 2,7 Kilometer von der Schule entfernt wohnte.

Ich fuhr durch den kleinen Park auf die Fußgängerampel zu, drückte dort den Knopf und wartete auf das kleine grüne Männchen. Als der »Grüne« erschien, fuhr ich über die Straße. Viel zu lahm, dachte ich, beim nächstenmal trittst du das Pedal hoch, dann hast du mehr Schwung und siehst nicht wie 'n Anfänger aus.

Ich radelte vergnügt nach Hause und freute mich auf das Mittagessen. Essen gehörte ebenfalls zu meinen Lieblingsbeschäftigungen. Und so sah ich auch aus. Bei einer Größe von 1,64 Metern wog ich sechzig Kilo, eindeutig zuviel. Mutti, die auch nicht gerade dünn war, sagte, ich solle ruhig essen, das würde sich noch verwachsen, doch darauf wollte ich mich nicht verlassen. Jetzt hatte ich mein Rad, und damit würde ich mir die überflüssigen Pfunde abtrainieren, ohne auf solche Köstlichkeiten wie Fischstäbchen mit Kartoffelsalat verzichten zu müssen.

Schon im Hausflur roch ich die große Enttäuschung. Sie bestand aus Wirsingeintopf. Eintöpfe gehörten generell nicht zu meinen Leibgerichten, aber Wirsingeintopf war der blanke Horror.

»Erst die vielen Hausaufgaben und jetzt auch noch Wirsingeintopf«, seufzte ich.

Nach ein paar Löffeln gab ich auf; wenigstens konnte Mutti meinen guten Willen erkennen. Später, in meinem Zimmer, würde ich über eine Tüte Chips herfallen und sie bis auf den letzten Krümel genießen.

2

Der dritte Schultag nach den Ferien war ein verregneter, mieser Tag. Wir hingen in unseren Bänken und hatten keine Lust mehr auf Unterricht. Ich hatte die Idee, unseren Deutschlehrer, Herrn Kluge, zu überreden, eine Verfügungsstunde zu veranstalten. In einer solchen Stunde wurde ausschließlich über Klassenprobleme geredet. Ob man da zuhörte oder nicht, war jedem selbst überlassen. Andernfalls hätten wir die deutsche Grammatik über uns ergehen lassen müssen, und das in der sechsten Stunde. Als wir Herrn Kluge unseren »genialen« Vorschlag unterbreiteten, war er sofort bereit, seine Grammatik zu opfern. Vielleicht hatte er auch keine Lust zu diesem Zeug? Halbherzig besprachen wir Probleme, die keine waren. Die Hälfte der Schüler dämmerte vor sich hin. Grinsend beobachtete Herr Kluge das Geschehen, unternahm aber nichts.
Als die Schulglocke das Ende einläutete, hatten es plötzlich alle sehr eilig. Ich putzte die Tafel und blieb als einzige mit Herrn Kluge zurück, der gähnend seine nicht gebrauchten Grammatikbücher einpackte.
Gemeinsam verließen wir das Klassenzimmer.
»Fährst du auch mit dem Bus?« fragte Herr Kluge.
»Nein, ich habe zu Ostern ein Fahrrad bekommen. Fahren Sie denn mit dem Bus?«
»Ja, meine Frau braucht das Auto diese Woche.«
»Ach so.«
Wir waren inzwischen bei den Fahrrädern angelangt.
»Tschüs«, rief ich ihm nach und verstaute meine gelbe Schultasche auf dem Gepäckträger. Dabei ließ ich mir Zeit,

denn ich hoffte, daß mein Traumtyp ebenfalls nach der sechsten Stunde nach Hause fuhr und ich noch einen Blick auf ihn werfen konnte. Er hieß Robert und war schon in der achten Klasse. Ich traute mich nicht, mit ihm zu sprechen, und so war Anschauen das einzige, was ich tun konnte. Das war zwar nicht besonders viel, aber wenn ich ihn wenigstens einmal am Vormittag sah, war mein Tag gerettet. Heute jedoch kam er nicht.
Mist, dachte ich, aber egal, morgen ist auch noch ein Tag. Ich schwang mich auf mein Rad und fuhr los. An der Fußgängerampel hielt ich an, weil das kleine rote Männchen mir das Überqueren der Straße verbot. Lässig hielt ich mich mit einer Hand am Ampelmast fest. Das Pedal hatte ich hochgetreten, damit ich mit Schwung über die Straße fahren konnte. Das war auch gut so, denn der Schulbus, in dem meine Klassenkameraden saßen, bog links von mir um die Kurve und mußte halten, weil die Ampel auf Gelb umgesprungen war. Es gab also viele Zuschauer, und wenn ich jetzt zu unsicher losfuhr, würde ich mir morgen einiges anhören müssen, wie zum Beispiel: »Na, das klappt aber noch nicht gut!« oder »Üb lieber noch ein paarmal auf dem Kaufhausparkplatz.«
Die Ampel zeigte mir das grüne Männchen, und ich fuhr los. Ich sah einen Lkw von rechts kommen, aber der würde anhalten.
Kurz bevor ich auf der anderen Seite angekommen war, merkte ich, daß etwas nicht stimmte. Schnell drehte ich meinen Kopf nach rechts und sah den Lkw direkt neben mir. Dann krachte es. Ich stürzte vom Rad und spürte, daß mein Kopf wie ein Tennisball auf die Straße knallte. Der Schlag setzte mich für einen Moment außer Gefecht. Als ich mich langsam aufrichtete, konnte ich nicht fassen, was ich sah. Der Lkw stand mit seinem linken Vorderreifen auf

meinem rechten Oberschenkel. Das Fettgewebe war abgerissen. Es tat weh, zwar nicht sehr, aber es langte.
Der Fahrer des Lastwagens sprang heraus und schlug die Hände über dem Kopf zusammen, als er mich blutend unter seinem Wagen liegen sah. Er stand wie versteinert da, ich konnte das Entsetzen in seinen Augen erkennen. Doch das nützte mir nichts. Der Vorderreifen drückte auf mein Bein. Es war ein Schmerz, als ob mich jemand mit aller Kraft in den Oberschenkel kneifen würde.
Nachdem der Fahrer eine Weile dagestanden hatte, unfähig zu begreifen, was geschehen war, fragte ich ihn: »Können Sie da mal runterfahren?«
»Ja ... Ja ... Sofort ... Natürlich ...« stammelte er, sprang in seinen Wagen, legte den Rückwärtsgang ein und setzte den Lkw ein Stück zurück. Nachdem mein Oberschenkel von dem Gewicht befreit war, verspürte ich keine Schmerzen mehr. Das war das Ergebnis eines Schockzustands, in dem ich mich befand. Dieser Schock ließ mich seltsame Dinge denken. Als erstes schaute ich auf mein Bein. Es sah schlimm aus. Das Fettgewebe war von der Hüfte bis zum Knie abgerissen, ich konnte auf das Innere meines Beins sehen. Interessant, dachte ich, das Bein ist im Eimer, soviel ist klar. Dann schaute ich mir meine Handflächen an und freute mich, daß die wenigstens in Ordnung waren. Erst als ich mein Fahrrad verbeult unter dem Lastwagen liegen sah, geriet ich in Panik.
Scheiße, Scheiße, Scheiße! Es wird zu Hause Ärger geben. Es wird verdammten Ärger geben, dachte ich. Was ist das bloß für ein mieser Traum?
Inzwischen versammelten sich viele fremde Menschen um mich. Der Fahrer des Lastwagens, ein gutaussehender Mann Anfang Dreißig, schüttelte immer wieder den Kopf und schrie: »Nein ... Mein Gott! Nein ...«

Obwohl er mein geliebtes Fahrrad zu Schrott gefahren hatte, tat er mir leid.
»Und die Schulbücher sind auch hin. Hi, Hi, Hi«, sagte ich und fühlte mich dem Wahnsinn nahe.
Ich blickte wieder auf mein Bein und konnte erkennen, daß das Kniegelenk mit einer Art weißen Fasergewebes umhüllt war. Auf dem abgefahrenen Fettgewebe sah man die schmutzigen Reifenspuren des Lastwagens.
Es hatte fast den ganzen Tag geregnet. Die Straßen waren naß und dreckig.
Zusammenklappen, schoß es mir durch den Kopf, ich muß das Bein zusammenklappen und dann schnell nach Hause.
Ehe ich mein Vorhaben verwirklichen konnte, wurde ich von zwei Bauarbeitern, die an der Straße arbeiteten, aufgehoben und weggetragen.
Die armen Männer, dachte ich, die müssen dieses Geschlabber auch noch anfassen.
Während sie mich wegtrugen, schaute ich mich am Unfallort um. Die Ampel hing nur noch halb am Ampelmast. Der Mast ragte schräg in die Landschaft, wie der Schiefe Turm von Pisa.
»War ich das?« fragte ich einen der Männer.
Der verstand nicht, was ich meinte. Ich bewegte den Kopf in Richtung Ampelmast.
»Ach so. Nein, das war der Lastwagen. Er wollte dir ausweichen und ist draufgebrummt«, antwortete der Mann auf meine blöde Frage.
Ich schaute zum Schulbus. Er hatte Schlagseite, weil die meisten Kinder auf der linken Busseite standen, um möglichst viel mitzukriegen. Ich wollte winken, aber sie sahen alle so blaß, so unwirklich aus.
»Mein Fahrrad, mein Fahrrad«, rief ich verzweifelt.
Die Arbeiter legten mich im Vorgarten eines Hauses unter

einen Baum. Der Baum hatte noch keine Blätter, nur ganz zarte Triebe. Ich lehnte mich an seinen Stamm und wartete auf irgend etwas. Die Menschen um mich herum sprachen beruhigend auf mich ein, doch ich dachte nur daran, was mich zu Hause erwarten würde. Hab ich doch gleich gesagt, hörte ich meinen Vater schon im Geiste schimpfen. Jetzt saß ich in der Falle und war gar nicht schuld. Aber wie sollte ich Papa das erklären? Ich grübelte vor mich hin. Die Sirene eines Krankenwagens riß mich aus meinen Gedanken. Zwei Männer in blauen Uniformen liefen eilig auf mich zu.

Der eine beugte sich über mich und sagte: »Keine Angst, wir bringen dich jetzt hier weg.«

Das sollte mir recht sein. Sie legten mich behutsam auf eine Trage und schoben mich in den Krankenwagen. Dort deckte der freundliche Sanitäter ein steriles weißes Laken über mein Bein. Innerhalb von Sekunden verfärbte sich das Tuch rot. Ich wollte es anheben, um diese Sauerei näher zu betrachten, aber der Mann neben mir hinderte mich daran. Ich schaute durch den schmalen Sichtspalt des Fensters, und als der Krankenwagen an der Kreuzung »falsch« abbog, rief ich: »He, wir hätten links fahren müssen. Hat Ihnen denn niemand gesagt, wo ich wohne?«

»Du mußt in ein Krankenhaus. Du kannst jetzt nicht nach Hause«, versuchte mir der Sanitäter zu erklären.

»Das geht aber nicht. Meine Eltern wissen doch überhaupt nicht, wo ich bin. Die machen sich Sorgen. Außerdem hat meine Mutter das Essen fertig. Ich bin sowieso schon viel zu spät dran.«

»Keine Sorge, deinen Eltern wird Bescheid gesagt. Mach dir keine Sorgen. Du mußt erst wieder gesund werden.«

Da ich mich, bis auf »Kleinigkeiten«, völlig gesund fühlte, verstand ich nicht, was er meinte, und wurde ziemlich

ärgerlich. Ich konnte die Situation nicht einschätzen; es war alles viel zu schnell gegangen.
In meinem Gehirn waren noch ganz andere Dinge gespeichert. Ich wollte nach Hause fahren, essen, Schularbeiten machen und Spaß haben, statt operiert zu werden, um mein Leben zu kämpfen und Schmerzen zu haben.
Im Bruchteil einer Sekunde war mein Leben völlig aus den Fugen geraten.

Der Krankenwagen raste mit Blaulicht und Martinshorn durch den Mittagsverkehr. Als wir die Auffahrt zum Krankenhaus erreichten, bog der Fahrer in eine kleine Seitengasse ab und hielt vor der Notaufnahme an. Ich kannte das Krankenhaus sehr gut, denn mein Vater lag schon mehrmals hier, aber diesen Eingang sah ich zum erstenmal.
Die Trage, auf der ich lag, wurde eilig aus dem Krankenwagen gezogen. Das gesamte Personal der Notaufnahme war zum Empfang erschienen.
»O Gott, das arme Kind! Schnell, bereitet den OP vor!« hörte ich jemanden rufen. Die Ärzte trugen lange Gummischürzen. Ich wurde in einen kleinen Raum gefahren, in dem sich eine Liege, diverse medizinische Geräte und ein Medikamentenschrank befanden. Der Raum wirkte nicht gerade besonders vertrauenerweckend. Ich begann herumzumeckern.
»Würden Sie diesen scheußlichen Schrank bitte entfernen?« sagte ich zu einer Schwester.
Sie hatte anscheinend Erfahrung mit Menschen, die im Schockzustand nur Schwachsinn redeten, denn sie antwortete: »Ja, sicher. Das mache ich sofort. Gleich nachdem wir dich versorgt haben.«
Sie schnitt mit einer Schere mein aufgeplatztes rechtes

Hosenbein ganz auf. Ein Pfleger nahm mir meine Fingerringe und meine Uhr ab.
»He, die will ich aber wiederhaben!« fuhr ich ihn an.
»Klar, das heben wir alles für dich auf«, erwiderte er freundlich. Ich glaubte ihm kein Wort.
»Unverschämtheit«, brummte ich.
Der Sanitäter sprach mit einem Arzt. Ich konnte leider nicht alles verstehen, da es um mich herum fürchterlich laut und hektisch zuging.
»Wie ist das passiert?« fragte der Arzt.
»Ein Lkw hat sie überfahren. Sie war die ganze Zeit bei Bewußtsein«, antwortete der Sanitäter, der im Krankenwagen neben mir gesessen hatte.
»So wie das Bein aussieht, muß die Kleine ein ganzes Stück mitgeschleift worden sein. Hoffentlich kriegen wir das wieder hin«, hörte ich den Arzt sagen.
Inzwischen hatten mir die Schwester und der Pfleger alle Kleidungsstücke und was ich sonst noch am Körper trug abgenommen und mir ein Hemd angezogen, das in »Fachkreisen« makabrerweise Engelshemd hieß. Ich kannte diesen Ausdruck von den Krankenhausaufenthalten meines Vaters. Er hatte mir mal erzählt, daß ein Patient mit eben diesem Engelshemd aus dem Krankenhaus geflüchtet war und für einiges Aufsehen gesorgt hatte. Das Hemd sah aus wie ein weißer Kartoffelsack mit Ärmeln und wurde nur mit einem Bändchen im Nacken geschlossen, was dazu führte, daß der Hemdträger bei jeder Bewegung seine gesamte Kehrseite entblößte.
Man bemächtigte sich des geflüchteten Patienten, bevor er die Straßenbahnhaltestelle erreichte.
Neben mir erschien eine Verwaltungsangestellte mit blondem Haar und weißem Kittel. Sie versuchte herauszubekommen, wer ich war. Als sie mein verletztes Bein sah,

wurde sie bleich unter ihrem üppig aufgetragenen Make-up.
»Wie ist dein Name?« fragte sie mich.
»Margit«, antwortete ich brav.
»Und weiter?«
»Mertens.«
»Wo wohnst du?«
Ich sagte ihr alles, was sie wissen wollte, vom Unfallhergang bis zur Krankenkasse meines Vaters.
Währenddessen legte mir die Krankenschwester eine breite Manschette um den Oberarm, die sie mit Hilfe eines Gerätes aufpumpte. Dann horchte sie durch ein Stethoskop, das sie auf meine Ellenbeuge preßte, auf irgendwelche Geräusche.
»Blutdruck: hundertzehn zu siebzig«, rief sie und ergriff mein Handgelenk. Dort legte sie den Zeigefinger und den Mittelfinger auf eine bestimmte Stelle. In der anderen Hand hielt sie eine Uhr. Eine Minute stand sie so da, dann rief sie: »Puls: zweiundneunzig.«
Irgendwo piekste es, ich schaute nach rechts und sah, daß man mir soeben eine Spritze in den Oberarm verpaßt hatte.
»Gegen Wundstarrkrampf«, erklärte mir die Schwester.
»Aha«, sagte ich.
Dann piekste es in meiner Ellenbeuge. Ein Arzt klebte die Nadel, die er dort eingestochen hatte, mit Klebeband fest. Von der Nadel ging ein dünner Schlauch über eine Verbindung in einen dickeren über. Meine Augen folgten diesem Schlauch, der oben eine ostereiförmige Verdickung hatte. Nach dieser Verdickung wurde er wieder zum Schlauch, der durch eine weitere Verbindung in einer Flasche mündete, die an einem blanken Gestell, ungefähr einen Meter über mir, hing. Aus dieser Flasche tropfte eine klare Flüssigkeit in das Osterei. Durch die Nadel gelangte sie in meinen Körper.

»Was ist das?« fragte ich.
»Das ist eine Infusion«, erklärte mir der Arzt.
Prima, nun war ich wesentlich schlauer.
Dann bekam ich noch eine Spritze, die mich müde und träge machte. Meine Liege wurde schnell über einen langen Flur in einen gekachelten Raum geschoben. Die Menschen dort trugen grüne Kittel und grüne Hauben. Nach einer weiteren Spritze wurde es dunkel um mich.

Als ich aufwachte, fand ich mich in einem sehr hellen Raum wieder. Um das Bett herum sah ich weiße Vorhänge. Neben mir war wieder der Infusionsständer, an dem inzwischen mehrere Flaschen hingen. Ich fühlte mich grauenvoll, jede Bewegung tat weh, und mir war so übel, daß ich mich jeden Moment übergeben würde. Ich rief um Hilfe, und sofort kam eine Krankenschwester.
»Na, bist du wieder wach?«
»Mir ist so schlecht. Ich glaube, ich muß brechen.«
»Ich hole dir eine Schale, bin gleich wieder da«, sagte die Schwester, rannte los und war schon im nächsten Moment zurück. Sie hob meinen Kopf an und hielt eine Blechschale, die wie eine breite Banane aussah, an meine Wange. Sofort gab ich meinen Mageninhalt von mir.
»Das kommt von der Narkose«, meinte die Schwester.
Ich antwortete mit weiterem Erbrechen und gab somit zu verstehen, was ich von der ganzen Angelegenheit hielt. Behutsam legte die Schwester meinen Kopf zurück auf das Kopfkissen. Ich schlief sofort wieder ein.
»Hallo! Margit! Margit! Hallo, aufwachen!« hörte ich jemanden rufen. »Du hast Besuch.«
Besuch? Wer besucht mich denn mitten in der Nacht? fragte ich mich.
Ich öffnete die Augen und sah eine große Gestalt mit

dunkelbraunem Haar und eine kleinere mit leicht ergrautem Haar. Beide trugen blaue Leinenkittel.
»Was machst du denn für Sachen?« fragte die kleinere Gestalt. Die Stimme kannte ich. Aber wem gehörte sie? Ich schlief wieder ein. Plötzlich wurde ich wach. Das war Muttis Stimme.
»Kind, was ist denn bloß passiert?« fragte die andere Gestalt, die ich als meinen Vater identifizierte.
»Lastwagen ... hat mich erwischt ... Ich konnte gar nichts dafür ... Bin bei Grün gefahren ... Ehrlich!«
»Schon gut«, erwiderte mein Vater leise und setzte sich auf einen Stuhl ganz nah an mein Bett.
»Papa, ich muß dir was sagen. Mein Fahrrad ist Schrott.«
»Weiß ich.«
»Bist du mir böse?« fragte ich und schaute ihn traurig an.
»Nein, ich bin dir nicht böse«, antwortete er.
Zum erstenmal wurde mir bewußt, daß es nicht gut um mich bestellt sein konnte. Mein Vater war mir nicht böse, obwohl ich mein neues Fahrrad kaputtgefahren hatte. Meine Mutter sah bleich und verstört aus. Sie stand neben mir und hielt meine Hand. Was sollte das alles?
»Wie geht es dir?« fragte Mutti mit heiserer Stimme.
»Geht so. Tut alles weh, aber das wird wieder«, versuchte ich sie zu beruhigen.
»Du mußt jetzt schlafen«, sagte Mutti, »wir kommen morgen wieder.«
»Nehmt ihr mich denn nicht mit?« fragte ich entgeistert. Ich war ganz sicher, daß sie mich abholen wollten.
»Nein, das geht nicht. Du mußt ein Weilchen hierbleiben.«
»Wie lange denn?«
»Das konnten die Ärzte uns nicht sagen.«
»Wo bin ich eigentlich?« fragte ich.
»Im Krankenhaus auf der Intensivstation. Du bist gerade

operiert worden. Die Ärzte haben dich wieder zusammengeflickt.«
»Dann ist doch alles in Ordnung. Warum muß ich denn dann hierbleiben?«
»Jetzt muß es erst mal heilen«, antwortete Mutti.
»Das kann es auch zu Hause«, entgegnete ich.
»Die Ärzte sagen, es sei ein Wunder, daß du noch lebst.«
»So schlimm war's nun auch nicht«, meinte ich.
»Wir müssen jetzt gehen. Bis morgen. Sei schön tapfer«, verabschiedete sich meine Mutter.
»Halt die Ohren steif!« sagte mein Vater.
»Tschüs«, brachte ich kläglich hervor.
Jetzt gingen die schon wieder und ließen mich hier alleine liegen. Das paßte mir gar nicht. Und was sollte das überhaupt heißen, daß es ein Wunder sei, daß ich noch lebe. So ein Quatsch. Ich war sehr wohl am Leben, und es kam mir gar nicht in den Sinn zu sterben.
Ich komme hier wieder raus, und zwar auf meinen eigenen zwei Beinen, schwor ich mir, während ich einschlief.

Als ich aufwachte, war ich in einem anderen Zimmer. Ich blinzelte zur rechten Seite. Neben mir stand ein Bett, in dem eine ältere Dame lag. Sie las in einer Zeitschrift. Als sie sah, daß ich sie beobachtete, setzte sie ihre Brille ab und schaute mich an.
»Aufgewacht?« fragte sie.
»Hm«, brummte ich.
»Dann werd ich mal nach der Schwester klingeln.«
Sie griff nach einem schmalen Gerät und drückte auf den roten Knopf. Währenddessen schaute ich nach links. Dort stand auch ein Bett, in dem eine noch ältere Frau lag. Sie lächelte mich freundlich an.
Eine hübsche blonde Krankenschwester betrat das Zimmer.

»Hallo, ich bin Schwester Sonja. Wie geht's dir?«
»Ganz gut. Wie spät ist es?« fragte ich.
»Drei Stunden vor Feierabend«, antwortete Schwester Sonja und fühlte meinen Puls.
»Wieviel Uhr?« wollte ich genauer wissen.
»Fünf nach sechs. Soll ich dir auch noch das Datum sagen?«
»Warum nicht?«
»Heute ist der 16. April, inzwischen mit Beleuchtung«, scherzte Schwester Sonja.
»Ein beschissener Tag«, entgegnete ich frech.
Die junge Krankenschwester lachte und legte ihre Hand auf meine Stirn.
»Ich glaube, du hast Fieber.«
»Nein, ich rede immer so einen Blödsinn«, scherzte jetzt ich, obwohl mir gar nicht nach Scherzen zumute war.
Schwester Sonja gab mir ein Fieberthermometer und schob es in meine Achselhöhle. Dann verließ sie das Zimmer, mit dem Versprechen, gleich wiederzukommen. Ich war so furchtbar müde und schlief ein.
Als Schwester Sonja zurückkehrte, war das Fieberthermometer verschwunden. Wir suchten eine ganze Weile danach. Ich wollte mich im Bett aufsetzen, um die Suche zu erleichtern. Beim Aufstützen spürte ich einen höllischen Schmerz in meinem rechten Bein. Ich schrie auf und ließ mich erschrocken in die Kissen fallen.
»Die Betäubung läßt nach. Du mußt ganz still liegen, dann tut es nicht so weh«, riet mir Schwester Sonja.
»Ich kann nicht still liegen, und schon gar nicht auf dem Rücken«, erwiderte ich weinerlich.
»Ich hol den Arzt, der gibt dir noch ein Medikament gegen die Schmerzen.«
Inzwischen tauchte das Thermometer wieder auf. Schwester Sonja fand es unter meinem linken Oberschenkel.

»Wenn das zerbrochen wäre, dann hätten wir aber Ärger gekriegt«, meinte sie.
»Als ob es darauf noch ankäme«, murmelte ich.
Sie verließ das Zimmer und kehrte kurz darauf mit einem Arzt zurück, der eher wie ein Möbelpacker aussah. Dieser Mann war fast zwei Meter groß und nicht gerade dünn. Seine harten Gesichtszüge ließen erkennen, daß mit ihm nicht zu spaßen war. Ich schätzte, daß er ungefähr so alt war wie mein Vater.
»Guten Abend. Ich bin Doktor Schäfer«, stellte er sich vor.
»Ich bin Margit.«
»Ich weiß, ich war dabei, als du eingeliefert wurdest.«
Er schaute auf das Fieberthermometer und gab Schwester Sonja Anweisungen, welche Medikamente ich erhalten sollte. Sie setzte sich sofort in Bewegung.
»Du bekommst jetzt etwas gegen das Fieber und noch ein anderes Medikament gegen die Schmerzen«, erklärte er mir.
»Was hab ich denn eigentlich?« fragte ich.
»Wie dein Bein nach dem Unfall aussah, weißt du ja. Wir haben es gesäubert und zusammengenäht.«
»Und das hält?« wollte ich wissen.
»Darüber mach dir mal keine Gedanken. Die Hauptsache ist, daß sich die Wunde nicht entzündet.«
»Ich bin so müde, und mir ist schlecht«, klagte ich.
»Am besten, du schläfst jetzt. Morgen sehen wir dann weiter.«
Schwester Sonja kam mit den Medikamenten zurück. Sie gab mir eine Tablette und eine Tasse, die oben verschlossen war und nur eine kleine Öffnung hatte. Dank dieser Schnabeltasse konnte ich im Liegen trinken, ohne etwas zu verschütten. Und gleichzeitig vermittelte sie einem das Gefühl, ein Pflegefall zu sein.

Ich schluckte erst eine, dann noch eine Tablette, und nach wenigen Minuten versank ich in einen traumlosen Schlaf. Als es im Krankenhaus ruhig wurde und alle schliefen, wachte ich auf. Da ich durch den Schock ziemlich angeschlagen war, begann ich zu randalieren. Ich wühlte in meinem Bett herum, wollte aufstehen und geriet in Panik, als ich merkte, daß ich mich vor Schmerzen nicht bewegen konnte.
»Was ist das hier für ein Mist?« schrie ich.
Die beiden Omis saßen plötzlich senkrecht in ihren Betten.
»Was hast du denn?« fragte die nette Frau rechts von mir.
»Ich hab Durst, mir ist so komisch. Irgendwas stimmt hier nicht«, antwortete ich.
Sie klingelte, und die Nachtschwester erschien sofort. Sie war schon etwas älter und stellte sich als Schwester Emma vor. Sie machte einen entsetzlich genervten Eindruck.
»Schrei hier nicht so rum!« fuhr sie mich an.
»Mir geht es beschissen!«
»Das ist noch lange kein Grund, mitten in der Nacht so ein Theater zu veranstalten.«
Daß es mitten in der Nacht war, wußte ich nicht. Ich hatte jegliches Zeitgefühl verloren. Außerdem schien mir diese Tatsache völlig uninteressant zu sein.
Schwester Emma gab mir ein Beruhigungsmittel, was seine Wirkung einwandfrei verfehlte. Den Rest der Nacht verbrachte ich damit, weiter zu randalieren.
Die beiden Omis bekamen kein Auge zu. Sie fühlten sich in den frühen Morgenstunden wie gerädert.
Verständlicherweise beschweren sie sich, als das Frühstück gebracht wurde, bei den Schwestern.
»Noch so eine Nacht werde ich nicht überleben«, stöhnte die eine.
»Dabei kann man ja nicht gesund werden«, stimmte ihr die andere zu.

»Wir werden sehen, was wir machen können«, versprachen die Schwestern.
Ich bekam kein Frühstück. Ehrlich gesagt, hatte ich auch keinen Hunger. Ich fühlte mich miserabel. Als ob man mich die ganze Nacht verprügelt hätte. Alles tat mir weh, es gab keine Stelle am Körper, die nicht schmerzte. Die Omis schliefen nach dem Frühstück sofort ein. Ich gab Ruhe. Es tat mir entsetzlich leid, daß ich so unausstehlich war, aber ich konnte es nicht ändern.
Im Laufe des Morgens kamen Schwester Sonja und ein älterer Pfleger. Sie wollten die Betten machen.
»Hallo, Margit, wir machen jetzt dein Bett«, begrüßte mich Schwester Sonja.
»Das brauchen Sie nicht, es ist noch sauber; ich bin ja erst seit gestern hier.«
»Wir müssen es jeden Tag machen, sogar zweimal, dafür werden wir bezahlt«, meinte der Pfleger lachend.
»Ich kann mich aber nicht bewegen, geschweige denn aufstehen.«
»Das brauchst du auch nicht. Wir haben da einen Trick.«
Schwester Sonja stellte sich auf meine rechte Seite, der Pfleger auf die linke, dann rollte mich Schwester Sonja auf ihre Seite, der Pfleger wechselte das Unterlegtuch, anschließend wurde ich auf die andere Seite gerollt, Schwester Sonja zog das gebrauchte Tuch hervor und steckte das neue unter die Matratze. Sie versuchte das alte Tuch vor mir zu verstecken, doch ich konnte einen riesengroßen Blutfleck darauf erkennen. Ich bekam Angst.
Während der ganzen Aktion jammerten die Omis den beiden die Ohren voll. Sie erzählten von der schrecklichen Nacht, die sie verbracht hatten.
»Ich hab das Gefühl, die wollen dich hier nicht«, flüsterte mir der Pfleger ins Ohr, doch die Omis hörten es.

»Nein, Herr Rosenbaum, das stimmt nicht. Sie ist ein liebes, nettes Mädchen, aber ich glaube, sie wäre in einem Einzelzimmer besser aufgehoben«, sagte die Oma rechts von mir.
»Mal sehen, ob sich was machen läßt. Was meinst du, Onkel Otto?«
»Ist das Ihr Onkel?« fragte ich Schwester Sonja erstaunt.
»Nein, wir nennen ihn nur alle so.«
»Darf ich Sie auch Onkel Otto nennen?«
»Ja, mein Kind, sicher darfst du das«, antwortete er.
In Wirklichkeit hieß er Kurt Rosenbaum, aber so nannte ihn kaum jemand. Onkel Otto paßte wesentlich besser zu ihm. Er hatte ein freundliches Gesicht mit vielen Lachfalten. Man sah sofort, daß er das Leben mit Humor meisterte. Er galt als der Schrecken der Orthopäden, denn seine Körperhaltung konnte nur als schlechtes Beispiel dienen. Er ließ ständig die Schultern hängen, wodurch sein Rücken krumm wirkte, und sein Gang hatte etwas Schlaksiges. Nach meinem ersten Zusammentreffen mit Onkel Otto fühlte ich mich wohler. Jetzt hatte ich jemanden, dem ich vertrauen konnte.

Noch vor der täglichen Visite wurden die Gebete der Omis erhört. Onkel Otto und eine Schwester, die ich noch nicht kannte, schoben mein Bett aus dem Zimmer.
Die beiden Frauen wünschten mir alles Gute und Liebe, doch ich merkte, wie froh sie waren, mich endlich loszusein.
»Kommen Sie mich doch mal besuchen«, lud ich sie ein.
»Machen wir.«
Sie winkten mir nach, als ich zusammen mit dem Bett und dem Nachtschränkchen in ein Einzelzimmer gefahren wurde.
»Jetzt liegst du erster Klasse«, versuchte Onkel Otto mir das Zimmer schmackhaft zu machen.

3

Als ich allein war, schaute ich mir mein Erster-Klasse-Apartment mit Zimmerservice genauer an. Diese Luxusbehausung bestand aus höchstens acht Quadratmetern, in die gerade ein Bett, ein Nachtschränkchen und ein Stuhl paßten. Rechts von mir war ein großes Fenster mit einem wunderschönen Ausblick. Ich konnte nämlich direkt auf die Garage der Notaufnahme sehen, in die alle paar Minuten ein Krankenwagen mit einem mehr oder weniger schwer Verletzten fuhr. Tolle Aussichten ...
Links von mir befand sich das Bad, genauer gesagt ein Waschbecken, eine Ablage für Toilettenartikel und ein Papierkorb. Das »Bad« wurde durch einen violetten Vorhang abgeteilt. Die Innenausstattung des Zimmers konnte als farblich brillant bezeichnet werden. Die Fenstervorhänge in einem kräftigen Orangerot bissen sich hervorragend mit dem Violett des Stuhls und des Badvorhangs.
Der Stuhl stand links neben meinem Bett. Er war aus hochwertigen Kunstlederpolstern und glänzenden Stahlrohren gefertigt. Wenigstens hatte er eine Rückenlehne.
Wenn ich geradeaus schaute, blickte ich direkt auf eine Wand, die in freundlichem Beigegrau gestrichen war. In ihrer Mitte befand sich ein kleines Fenster mit orangeroten Vorhängen auf der anderen Seite. Dieses Fenster diente dem Pflegepersonal als Guckloch. Von Zeit zu Zeit erschien dort ein Gesicht, und wenn ich es bemerkte, lächelte es. Sie schauten nach, ob sich der Apartmentmieter noch unter den Lebenden befand oder ob neu vermietet werden konnte.
Auf dem Nachtschränkchen, an dem eine Tischplatte befe-

stigt war, stand die Schnabeltasse, die Nierenschale, auch Brechschale genannt, und ein Behälter mit einem Fieberthermometer. Das war alles, womit ich mich beschäftigen konnte. Da ich ohnehin nichts anderes zu tun hatte, begutachtete ich meinen Zustand. Ich hob die Bettdecke an und sah den dicken weißen Verband an meinem rechten Bein. Aus dem Verband ragte ein Schlauch von einem Zentimeter Durchmesser, durch den eine rötlichgelbe Flüssigkeit floß. Ich folgte seinem Verlauf und drehte mich zur rechten Seite. Der Schlauch endete in einem Plastiksäckchen, in dem sich schon ein Viertel Liter dieser Flüssigkeit befand. Es sah zum Kotzen aus. Dann bemerkte ich einen zweiten Plastiksack an der rechten Bettseite, in Höhe meiner Hüfte. Ich schaute nach, wohin der Schlauch ging, der an dieser Tüte hing. Er ging direkt... Nein, das gab's doch gar nicht. Tickten die noch ganz richtig? Der Schlauch steckte in einer Körperöffnung, durch die ich normalerweise meine Blase entleerte. Entsetzt blickte ich noch einmal zu dem Plastiksäckchen. Tatsächlich, es enthielt eine gelbe Flüssigkeit, die ich sehr gut kannte. Sogar das Pinkeln nehmen die einem ab, dachte ich verärgert. Neben mir stand immer noch mein treuer Begleiter, der Infusionsständer, an dem jetzt vier Flaschen hingen.
»Wer weiß, mit was die mich hier vergiften?«
Erschrocken bemerkte ich, daß ich mit mir selbst redete. Soweit war es gekommen. Ich tat mir unendlich leid. Bevor ich mich so richtig dem Selbstmitleid hingeben konnte, klopfte es einmal kräftig an der Tür. Ohne eine Antwort abzuwarten, trat ein junger Mann im weißen Kittel ein.
»Hallo, ich bin Doktor Nicolai, der Stationsarzt«, stellte er sich vor.
Der gefiel mir schon besser als der Möbelpacker, an dessen Namen ich mich nicht mehr erinnerte.
Dieser Arzt, der jetzt in meinem Zimmer stand, erinnerte

mich an einen Schauspieler, den ich neulich in einem Krimi gesehen hatte. Er war groß und schlank, hatte dunkelbraunes Haar und einen Schnauzbart. Doktor Nicolai wirkte zwar nicht elegant, aber sehr gepflegt. Als er näher kam, sah ich, daß er älter war, als ich zunächst glaubte. Sein Gesicht wies einige Falten auf.
Markante Gesichtszüge, dachte ich. Ich wußte zwar nicht, was das genau bedeutete, aber diesen Ausdruck hatte ich in einer Zeitschrift gelesen, und ich hatte das Gefühl, daß er hier angebracht war.
Der Doktor trug ein gestreiftes Hemd und Jeans unter seinem Kittel. Auch das nahm mich für ihn ein. Aber ich hütete mich, ihm sogleich zu vertrauen. Er hatte mir zunächst einige Fragen zu beantworten.
»Guten Tag«, erwiderte ich höflich, aber distanziert.
»Wie fühlst du dich?« wollte er wissen.
»Geht so. Ich habe da ein paar Fragen.«
»Frag nur!«
»Was genau ist mit mir? Wozu sind diese Schläuche? Warum darf ich nicht selbst pieseln? Und was, um Himmels willen, läuft da für ein Zeug in meine Adern?«
»Hui, das sind aber eine ganze Menge Fragen. Gut, ich will versuchen, dir alles zu erklären.«
»Aber ehrlich, bitte!«
Er schaute mich erstaunt an. Das hatte er von einer zwölfjährigen Hauptschülerin wohl nicht erwartet. Dabei wußte doch jeder, der schon mal einen Spielfilm gesehen hatte, der sich um ein Krankenhaus drehte, daß die Ärzte logen, ohne rot zu werden.
»Der Lastwagen hat dich ganz schön zugerichtet. Wir haben das Bein wieder zusammengenäht und ...«
»Das weiß ich schon. Wie steht es denn sonst um mich?« unterbrach ich ihn.

»Wir hoffen, daß sich kein Wundbrand entwickelt. Und deshalb kriegst du auch nichts zu essen oder zu trinken.«
»Was? Nichts zu trinken? Das wird ja immer lustiger«, brauste ich auf.
»Dafür bekommst du die Infusionen. Da ist alles drin, was du zum Leben brauchst«, erklärte er ruhig.
»Aber ohne Geschmack«, klagte ich.
»Du darfst nicht auf den Topf, weil sich die Wunde entzünden könnte, wenn Urin in den Verband sickert. Klar?«
»Wozu ist der andere Schlauch, durch den diese eklige Soße läuft?«
»Das Ding nennt man Drainage, und durch den Schlauch läuft das Wundsekret aus der Wunde heraus.«
»Was für ein Sekret?« fragte ich, denn ich war mir ziemlich sicher, daß ich dieses Sekret noch brauchen würde.
»Blut, Lymphwasser und Eiter«, antwortete Doktor Nicolai knallhart.
O Gott, das würde ich bestimmt nicht brauchen. Ich war also mit der Drainage einverstanden.
»Wann komme ich hier raus?« wollte ich wissen. Ich war auf alles gefaßt. Doktor Nicolai sah in diesem Moment ein wenig hilflos aus. Es schien so, als hätte er Mitleid mit mir.
»Das kann noch eine ganze Weile dauern, Margit.«
»Wie lange? Eine Woche, einen Monat, ein Jahr?«
»Keine Ahnung.«
Er tat so, als überprüfe er die Infusionsflaschen. Da wurde mir plötzlich klar, was er dachte.
»Sie glauben, daß ich hier nie wieder rauskomme, höchstens in einem Sarg, nicht wahr? Sagen Sie die Wahrheit, bitte!«
»Nein, ich glaube nicht, daß du sterben wirst, aber garantieren kann ich das nicht. Es ist vor allem wichtig, daß du dich nicht hängenläßt. Du mußt kämpfen, wenn du es schaffen willst. Wir helfen dir dabei, aber letztendlich hast

du es in der Hand. Wenn du dich aufgibst, sind wir mit unserer Kunst am Ende.«

Ich staunte nicht schlecht, nicht über das, was er sagte, das hatte ich ohnehin schon gespürt, sondern daß er es gesagt hatte, beeindruckte mich sehr. Ich revidierte meine Meinung über lügende Ärzte. Das war anscheinend doch nur im Film so.

»Danke.«

»Wofür?«

»Daß Sie mir die Wahrheit gesagt haben.«

»Ich glaube, du bist ein tapferes Mädchen, du wirst sie verkraften.«

»Hab ich schon.«

Er ging zur Tür. Als er die Klinke schon in der Hand hielt, sagte ich: »Versprechen Sie mir was?«

»Was denn?«

»Daß Sie mir nie die Wahrheit verschweigen.«

»Nur wenn du mir auch was versprichst.«

»Okay. Was?«

»Daß du niemals aufgibst, was immer auf dich zukommt.«

»Versprochen!« Das war ein leichtes Versprechen, denn ich hatte sowieso nicht vor, mich hängenzulassen.

»Jetzt Sie«, forderte ich ihn auf.

»Na gut, ich verspreche es.«

Damit verließ er das Zimmer. Mein erster Eindruck hatte sich also bestätigt, der Mann war in Ordnung. Jetzt war ich wieder ein Stückchen weiter und fühlte mich nicht mehr so verlassen.

Am späten Vormittag klopfte es an der Tür. Fünf Ärzte und zwei Schwestern betraten das Zimmer. Vielleicht standen draußen noch ein paar Menschen, die einfach aus Platzmangel keinen Zutritt fanden.

Ein älterer Arzt mit einem schmalen Gesicht stellte sich direkt neben mein Bett.
»Guten Morgen. Ich bin Doktor Lindemann«, sagte er.
»Hallo, ich bin Margit.«
Außer Doktor Lindemann, den man durch sein Auftreten sofort als den Chefarzt erkannte, sah ich drei mir schon vertraute Gesichter. Der Möbelpacker und Doktor Nicolai standen neben Schwester Sonja, die eine Mappe mit meiner Krankengeschichte in der Hand hielt. Dort wurde alles eingetragen, vom Pulsschlag bis zum täglichen Stuhlgang. Sie reichte dem Chefarzt die Mappe. Er blätterte darin herum und schwieg, dann sah er mich an und sagte: »Da hast du aber Glück gehabt. Das hätte ins Auge gehen können.«
»Ich finde, es ist schon ins Auge gegangen«, erwiderte ich, ohne zu wissen, daß man dem Chefarzt nicht widersprach. Die versammelte Mannschaft grinste über meine Respektlosigkeit.
Doktor Lindemann lächelte für einen Moment, wurde aber sofort wieder ernst.
»Mit Glück meinte ich, daß weder Knochen, Muskeln noch große Blutgefäße verletzt worden sind«, erklärte er mir. Dann gab er Anweisungen, was mit mir passieren sollte. Ich hörte Namen von Medikamenten und lateinische Bezeichnungen. Ich verstand nur Bahnhof.
Hin und wieder nickte einer der Ärzte und gab seinen lateinischen Senf dazu, aber nur, wenn er gefragt wurde. Ich konnte nicht einschätzen, ob ich krank, sehr krank oder völlig im Eimer war. Jedenfalls hatte ich eine Menge mehr, als ich dachte. Da gab es ein Hämatom, eine Commotio cerebri, eine eventuelle Sepsis und allerlei andere schreckliche Krankheiten, die unbedingt behandelt werden mußten. Das Bein war wahrscheinlich das

geringste Problem. Als die Mannschaft das Zimmer verließ, deutete ich Doktor Nicolai mit einer heimlichen Handbewegung an, daß er mich später noch einmal besuchen sollte. Er nickte.

Nach einer halben Stunde kam Doktor Nicolai wieder und grinste.
»Was ist los?« fragte ich.
»Na, dem Chef hast du's ja gegeben.«
»Wieso, ich hab doch nur einen Satz gesagt. Ihr habt mich ja gar nicht zu Wort kommen lassen«, erwiderte ich verständnislos.
»Das war auch gut so. Wer weiß, was du ihm sonst noch alles gesagt hättest. Dem Chefarzt widerspricht man nicht!«
»Was für eine blöde Regel!?« konterte ich.
Doktor Nicolai grinste immer noch. Er schien ganz froh zu sein, daß diese Regel einmal gebrochen wurde. Ich hatte nicht vor, mich an solch einen Blödsinn zu halten.
»Was ist denn ein Hämatom, Commotio cerebri und eine Sepsis?« fragte ich ängstlich.
Als er sah, daß ich mich fürchtete, lachte er.
»Du denkst, daß das schreckliche Krankheiten sind, nicht wahr?«
»Allerdings!«
»Ein Hämatom ist ein blauer Fleck. Eine Commotio cerebri ist eine Gehirnerschütterung. Das sind nun wirklich harmlose Sachen. Eine Sepsis ist eine Blutvergiftung, aber die hast du nicht, und wir werden unser möglichstes tun, damit du keine bekommst«, klärte er mich auf.
»Ach so, dann ist es ja nicht so schlimm. Warum sprechen die denn kein Deutsch, damit man das sofort versteht?«
»Manchmal soll der Patient es ja gar nicht verstehen.«
»Was ist das denn schon wieder für ein Quatsch. Es geht

doch um den Patienten. Oder etwa nicht? Was soll das für einen Sinn haben?«
»Die Medizinersprache ist nun mal Latein, damit sich die Ärzte auf der ganzen Welt verständigen können.«
»Ich habe eher das Gefühl, daß manche deutschen Ärzte den deutschen Ausdruck gar nicht mehr kennen.«
»Das Gefühl habe ich allerdings auch manchmal«, sagte er lachend.
»Na also. Wußt ich's doch.«
»Du mußt immer das letzte Wort haben, stimmt's?«
»Das sagt mein Vater auch.«
»Hat das kleine Fräulein noch eine Frage, oder kann ich jetzt gehen?«
»Keine Frage mehr, danke.«
Er schüttelte den Kopf und verließ grinsend das Zimmer.
Im Laufe des Vormittags lernte ich eine Menge neuer Krankenschwestern kennen. Sie schienen alle sehr nett zu sein. Außer Schwester Sonja und Onkel Otto gab es noch die Schwestern Evi, Julia, Lena und Gabi. Das war aber erst die halbe Belegschaft.
Schwester Evi war riesengroß und hatte eine sehr liebe Art, mit Menschen umzugehen. Sie erzählte mir, was ihre kleine Tochter für einen Blödsinn anstellte. Ich mußte richtig lachen, als sie mit Gesten und Babysprache versuchte, die Kleine nachzumachen.
Schwester Julia sah mit ihrem langen braunen Haar sehr hübsch aus. Sie brachte mir einige Tabletten und erklärte mir genau, warum ich die nehmen müsse. Sie versuchte sich so verständlich wie möglich auszudrücken, ohne erhobenen Zeigefinger. Deshalb gefiel sie mir.
Schwester Lena hatte den Beruf garantiert nur deshalb erlernt, um anderen Menschen helfen zu können. Als sie meine Infusionsflaschen auswechselte, tat sie das mit einer

Hingabe, die nicht zu übersehen war. Sie lachte nicht, hin und wieder huschte ein Lächeln über ihr Gesicht, aber das war schon alles.
Schwester Gabi wirkte dagegen sehr rustikal, falls man das von Menschen sagen konnte. Sie hatte einen Slang, der ungefähr so klang: »Nee, in deiner Schnabeltasse is nix mehr drinne. Ich tu dir gleich noch Tee geben, wenn der Doktor sein Okay gibt.« Das fand ich sehr lustig. Wenn die anderen Schwestern auch so toll waren wie diese, dann konnte eigentlich nichts mehr schiefgehen.

Meine Schmerzen hielten sich bis zur Mittagszeit in Grenzen, doch dann wurden sie unerträglich. Das gesamte rechte Bein fühlte sich an, als ob ganze Ameisenarmeen darin krabbeln würden. Es brannte wie Feuer, und wenn ich mich ein wenig bewegte, hatte ich das Gefühl, als steche jemand mit einem langen Küchenmesser in die Wunde.
Zuerst jammerte ich nur ein wenig, doch als die Schmerzen an eine Grenze kamen, die nicht mehr auszuhalten war, schrie ich.
Sofort kam Schwester Lena mit sorgenvoller Miene.
»Was ist denn?« fragte sie mit leiser, piepsiger Stimme.
»Ich halt das nicht mehr aus. Gibt's denn kein Mittel gegen die Schmerzen?« jammerte ich.
»Ich geh mal fragen.«
Sie kam mit Doktor Nicolai zurück.
»Du hast Schmerzen, nicht wahr?«
»Kann man wohl sagen«, stöhnte ich.
»Dann geb ich dir jetzt was, damit sie weggehen.«
»Gott sei Dank.«
Er spritzte eine klare Flüssigkeit in den Infusionsschlauch. Die Schmerzen lösten sich sofort auf. In meinem Kopf breitete sich ein dumpfes Gefühl aus. Mein Verstand

schwebte aus der realen Welt in eine Traumwelt. Ich wollte nicht wissen, was das für ein Zeug war, denn mir war klar, daß ich mich lieber nicht daran gewöhnte. Langsam versank ich in einer angenehmen Müdigkeit.
Erst am Nachmittag wachte ich wieder auf. Mir war's egal, ich verpaßte hier sowieso nichts. Es klopfte leise an der Tür. Meine Mutter steckte den Kopf herein.
»Na, bist du aufgewacht?« fragte sie lieb.
»Seid ihr schon lange da?« wollte ich wissen.
Meine Eltern betraten den Raum und blieben neben meinem Bett stehen.
»Setzt euch doch«, forderte ich sie auf.
»Ich hol noch einen Stuhl«, meinte Papa.
Mutti setzte sich auf den blauen Krankenhausstuhl.
»Wir haben eben mit Doktor Nicolai gesprochen«, begann sie.
»Was hat er euch erzählt?«
»Nichts Gutes.«
Papa kam inzwischen mit einem schäbigen Hocker zurück, mehr hatte er nicht erbeuten können. Schwache Leistung.
»Dich hat's ja ganz ordentlich erwischt«, sagte er, nachdem er sich gesetzt hatte.
»Tja, wenn, dann richtig«, lallte ich, da ich wegen des Medikaments noch nicht wieder vollständig auf der Erde war.
»Du bist gut. Hast deinen Humor wohl immer noch nicht verloren, was?«
»Nee, den behalte ich auch. Lachen ist die beste Medizin. Wenn das Lachen bloß nicht so weh täte.«
Meine Eltern hatten so merkwürdig geschwollene Gesichter.
»Habt ihr etwa geheult?« fragte ich taktlos.
Beide schwiegen.

»Das laßt mal lieber. Das bringt mir auch nichts. Wenn ich nicht heule, braucht ihr auch nicht zu heulen.«
Ohne etwas zu entgegnen, gingen sie zu einem anderen Thema über.
»Herr Kluge hat angerufen. Er wollte wissen, wie es dir geht und ob er dich besuchen darf. Das wußten wir aber selbst nicht«, erzählte Mutti.
»Was hat er denn so gesagt? Der hat das Massaker ja live erlebt«, fragte ich neugierig.
Mutti lachte.
»Er berichtete, daß ein Riesenaufruhr im Bus war. Ein paar Kinder sind umgekippt, aber Fritz hat dabei sein Butterbrot gegessen.«
»Typisch Fritz, dem wird von gar nichts schlecht.«
Ich mußte grinsen.
»Conny ist gerade, als der Bus an ihrer Haltestelle ankam und die Tür sich öffnete, ohnmächtig geworden. Sie stürzte nach draußen, und ihre Beine lagen auf den Busstufen. Herr Kluge sagte, sie hätte sofort die richtige Lage gehabt, wie ein Ohnmächtiger liegen sollte.«
»Ist ihr was passiert?« fragte ich erschrocken.
»Nein, außer einer Beule am Hinterkopf ist sie völlig in Ordnung.«
»Gott sei Dank!« Ich atmete auf.
Ich wollte nicht, daß durch meine Schuld jemand zu Schaden kam. Das waren ja alles wilde Geschichten.
»Wer hat euch eigentlich Bescheid gesagt, daß ich verunglückt bin?«
»Mutti hatte gerade das Essen auf den Tisch gestellt, da fuhr ein Polizeiwagen in die Einfahrt«, erzählte Papa.
»Da haben wir uns schon gedacht, daß das nichts Gutes bedeuten konnte«, fuhr Mutti fort.
»Dann kamen zwei Polizisten. Die haben uns mitgeteilt, was

passiert ist. Viel konnten sie uns nicht sagen, deshalb sind wir sofort ins Krankenhaus gefahren.«
»Wie's weitergeht, weiß hier aber auch keiner«, murmelte ich.
Ich verschwieg lieber das Gespräch, das ich heute früh mit Doktor Nicolai geführt hatte. Sie wären nur unnötig beunruhigt. Oder hatte er es ihnen auch gesagt?
Ich war so müde. Ich konnte mich nicht mehr konzentrieren. Mutti hatte mir ein paar Sachen mitgebracht, die sie jetzt in den Einbauschrank meines Apartments legte. Sie brachte nur das Nötigste mit. Meine Eltern besaßen kein Auto, mußten also alles schleppen.
»Ich habe heute nur zwei Schlafanzüge, die Zahnbürste, Zahnpasta, Waschlappen, Handtücher, den Kamm, die Bürste und ein paar Taschentücher mitgebracht. Morgen bringen wir dir dann noch mehr mit«, sagte Mutti.
»Die Schlafanzughosen kannst du gleich wieder mitnehmen«, erwiderte ich.
Sie wußte nicht, warum.
»Guck mal da, die Schläuche! Sag mir, wie ich eine Hose anziehen soll!«
»Ach, ich laß sie erst mal hier«, meinte Mutti, die davon überzeugt war, daß die Schläuche bald entfernt werden würden. Ich schlief fast ein. Meine Eltern merkten das und verabschiedeten sich.
»Mach's gut, mein Kind«, flüsterte Mutti.
»Halt die Ohren steif!« sagte Papa.
»Ich bin hier gut aufgehoben. Die sind alle sehr nett.«

Am Abend wurde ich geweckt, weil ich einige Tabletten schlucken mußte. Eine dicke Schwester mit Namen Beate reichte mir ein Töpfchen, das wie ein zu großer Fingerhut aussah. Darin lag eine riesige Tablette.

»So, die mußt du noch nehmen«, sagte Schwester Beate.
»Wie soll ich die denn runterkriegen? Was ist das überhaupt?« fragte ich.
»Das ist Penicillin. Du mußt es nehmen, damit sich dein Bein nicht entzündet.«
»Na gut, ich werd's versuchen.«
Ich öffnete den Mund. Sie legte mir die dicke Tablette auf die Zunge. Danach durfte ich einen Schluck Wasser ohne Kohlensäure trinken. Das Wasser bekam ich spielend runter, die Tablette nicht. Ich versuchte es einige Male ohne Erfolg. Die Tablette war schon wesentlich kleiner geworden. Irgendwie schaffte ich es, das Ding zu schlucken.
»Das war nicht so toll«, meinte Schwester Beate.
»Außerdem schmeckte es grausig«, sagte ich.
»Morgen halbieren wir sie gleich, vielleicht geht's dann besser.«
»Hm«, machte ich nachdenklich.
So hatte ich wenigstens etwas getrunken. Normalerweise bekam ich nichts. Die Ärzte sagten, das sei auch wegen des Wundbrands. Sie wußten wahrscheinlich nicht, wie schlimm Durst sein kann. Ich war froh, wenn ich an meinem Waschlappen nuckeln konnte, doch der war jetzt fast trocken. Die Schwestern hatten eingesehen, daß ich immer einen nassen Waschlappen haben mußte, um meine Lippen zu befeuchten, die sonst austrockneten und aufplatzten. Die lieben Schwestern konnten ja nicht ahnen, daß ich den Lappen aussaugte wie ein Vampir seine Beute.
Ich versuchte die Sache möglichst nicht auffliegen zu lassen.
Doktor Nicolai besuchte mich noch einmal, bevor er Dienstschluß hatte. Er fragte, ob ich noch Schmerzen habe und ob ich sonst noch was brauche. Ich brauchte nichts, und die Schmerzen hielten sich in Grenzen.

Der Tag ging mit einer angenehmen Überraschung zu Ende. Ich lernte eine neue Nachtschwester kennen. Sie hieß Gerda und hatte, im Gegensatz zu Schwester Emma, die Ruhe weg. Schwester Gerda ließ sich bei allem Zeit und tratschte ein wenig mit mir. Trotz dieser Ruhe schaffte sie ihre Arbeit mühelos. Für den Patienten war ihre Art wesentlich angenehmer als die von »Streß-Emma«.
Schwester Gerda hatte langes schwarzes Haar, das zu einem dicken Zopf geflochten und am Zopfende mit einer riesigen roten Schleife zusammengebunden war.
In dieser Nacht randalierte ich nicht. Ich schlief friedlich wie ein Lämmchen.

Am nächsten Morgen wurde ich von einem bohrenden Schmerz geweckt. Ich hielt es kaum aus, wollte aber nicht wieder dieses Hammermedikament gespritzt bekommen. Also sagte ich zunächst nichts. Schwester Gerda kam, um mich zu waschen. Es war ein komisches Gefühl, gewaschen zu werden.
Die einfachsten Dinge konnte ich nicht mehr selbst tun. Das machte mich traurig. Die Schwester kämmte mir sogar das Haar, aber die Zähne durfte ich mir selbst putzen. Wenn das kein Lichtblick war? Das Zahnputzwasser spuckte ich in eine Nierenschale. Diese Tätigkeit bereitete mir große Freude. Na ja, wenn man sonst nichts zu tun hat.
Im Laufe des Vormittags bekam ich ein paar neue Infusionsflaschen, mindestens fünf Spritzen in den linken Oberschenkel und vier Tabletten. Meine Lieblingstablette war auch dabei, diesmal so zerkleinert, daß sie nach zwei Schluckversuchen in meinem Magen landete.
Als die Schmerzen mich fast in den Wahnsinn trieben, wurde ich wütend. Ich angelte mir den nächstbesten Gegenstand, den ich erreichen konnte, und warf ihn an die

Wand. Ich hatte die Nierenschale erwischt, die jetzt scheppernd zu Boden fiel. Sofort kam jemand.
»Was tust du da, mein Kind?« fragte Onkel Otto.
»Ich könnte alles zusammenschlagen«, antwortete ich.
Er schaute mich mit großen Augen an.
»Aber warum denn?«
»Weiß ich auch nicht«, log ich, denn auf keinen Fall sollte jemand etwas von den Schmerzen erfahren.
»Meinst du, das ist lustig hier?« fragte ich ihn.
»Nee, bestimmt nicht. Hier hast du die Kotzschale. Schmeiß sie noch mal, aber erst, wenn ich draußen bin«, sagte er grinsend.
Der liebe Onkel Otto, er begriff die Situation sofort. Natürlich sah er auf den ersten Blick, daß ich irrsinnige Schmerzen hatte.
Ich randalierte noch ein bißchen weiter, bis ich keine Wurfgeschosse mehr hatte, dann schlief ich ein.
Die Schwestern weckten mich nicht. Ich verschlief die Visite und den Besuch des Lastwagenfahrers, den das Pflegepersonal sofort wieder wegschickte. Ob sie ihn aus Angst, er könne ein Wurfgeschoß abbekommen, oder weil sie froh waren, daß ich schlief, wegschickten, weiß ich nicht. Vielleicht traf beides zu.
Ich wachte erst auf, als meine Eltern kamen. Mutti brachte mir meinen großen orangeroten Teddybär mit, der den Namen Peng-Boing trug. Darüber freute ich mich sehr. Dieser Bär sah nicht nur lustig aus, er war auch mein bester Kumpel.
»Ich wußte doch, daß du dich darüber freust«, meinte Mutti.
»Mein Peng-Boing«, sagte ich gerührt.
Papa konnte das Getue um den Bär nicht begreifen und schüttelte verständnislos den Kopf.

»Wir haben dir auch ein paar Bücher mitgebracht. Susann hat mir welche für dich mitgegeben.«
»Was hat Susann denn zu meinem Unfall gesagt?«
»Sie ist ganz traurig. Am liebsten wäre sie sofort mitgekommen, um dich zu besuchen.«
»Die Nachbarn lassen dich alle schön grüßen und wünschen dir gute Besserung«, berichtete mein Vater.
Ich schaute mir die Bücher an, die Susann mir geliehen hatte. Sie hatte sogar ihr Lieblingsbuch aus der Hand gegeben. Normalerweise bekam jeder, der auch nur einen Finger darauf legte, eine Abreibung. Nun durfte ich es lesen. Die Bücher handelten meist von Pferden und Ponyhöfen. Das interessierte uns momentan sehr. Ich freute mich schon aufs Lesen.
Susann und mich konnte man als Leseratten bezeichnen. Oft nahmen wir einen Fußweg von zwei Kilometern in Kauf, um uns in der Stadtbibliothek mindestens zwanzig Bücher zu holen. Zu Hause angekommen, verkrümelten wir uns sofort in unsere Leseecken und begannen unsere Ausbeute zu durchforsten.
»Und was hat Thommy zu dem Crash gesagt?« fragte ich, obwohl ich es bereits wußte.
»Nichts«, antwortete meine Mutter denn auch erwartungsgemäß.
Thommy gab nie einen Ton des Bedauerns von sich, auch wenn ihm etwas sehr leid tat, oder gerade weil es ihm so leid tat. Er zog sich in solchen Fällen in ein stilles Eckchen zurück, und keiner wußte, was er dachte.
»Herr Kluge kommt dich heute abend besuchen«, sagte Mutti.
»Das ist toll!«
»Wie geht es dir denn so?« fragte Papa.
»Och, ganz gut«, log ich.

In Wirklichkeit hatte ich Schmerzen und ein seltsam dumpfes Gefühl im Kopf. Das mochte von der Gehirnerschütterung kommen. Irgendwie schien ich gar nicht richtig dazusein. Mir war, als stünde ich neben dem ganzen Geschehen. Aber ich mußte mich gegenüber meinen Eltern ein bißchen zusammenreißen. Wenn ich denen die Ohren vollheulte, wie schlecht es mir ginge, dann hätten sie keine ruhige Minute mehr gehabt.

Ich riß mich also zusammen und versuchte während ihres Besuchs keine Schmerzenslaute von mir zu geben. Je wacher ich wurde, desto schwerer fiel mir mein Vorhaben, denn mein Bein schien auch immer wacher zu werden. Die Ameisen wüteten wieder.

Als meine Eltern sich verabschiedeten, hatte ich die Hälfte des Gesprächs gar nicht mitbekommen. Ich konnte mich vor lauter Schmerzen auf nichts mehr konzentrieren.

Gleich nachdem sie gegangen waren und ich mich nicht mehr zusammenreißen mußte, verschwammen die Konturen des Zimmers vor meinen Augen. Das letzte, was ich noch wahrnahm, war ein markerschütternder Schrei. Ich hätte nicht sagen können, ob ich geschrien hatte oder den Schrei nur in meiner Einbildung vernahm.

»He, Margit! Hörst du mich?«

Wie durch einen Nebel hörte ich jemanden rufen. Wer war das? Gott? Die Stimme hatte nichts Irdisches an sich.

»Margit! Hallo!«

Dann war da ein klatschendes Geräusch.

»Margit! Aufwachen!«

Die Stimme kam näher, und das klatschende Geräusch tat in meinem Gesicht weh.

Das war ganz bestimmt nicht Gott. Ich glaubte nicht, daß der mich im Himmel mit Ohrfeigen begrüßte. Als ich meine Augen öffnete, sah ich Doktor Nicolai direkt vor mir.

»Das hätte ich mir denken können«, murmelte ich.

»Na endlich, da ist sie wieder. Du mußt uns sagen, wenn es dir schlechtgeht«, schimpfte der Doktor, der sich gerade noch so erleichtert angehört hatte. »Ich gebe dir ein Mittel, damit du keine Schmerzen mehr hast.«

Ich hatte nichts dagegen, denn diese Schmerzen konnte kein Mensch aushalten. Als ich lachte, fragte er:

»Was gibt's denn da zu lachen?«

»Ich dachte, Sie wären Gott.«

»Gott?« fragte er entgeistert, und ich wußte, daß er nun endgültig davon überzeugt war, eine Wahnsinnige vor sich zu haben.

Das Medikament nahm mir die Schmerzen, doch ich bekam wieder dieses schwebende Gefühl.

Was soll's, dachte ich. Dieser Taumel war besser als die höllischen Schmerzen. Ich träumte ein wenig vor mich hin. Ich hatte keine Angst. Es ging mir gut. Es ging mir noch nie besser.

Am Abend klopfte es an der Tür.

»Herein«, rief ich.

Herr Kluge und Frau Seifert betraten das kleine Zimmer.

»Na, wie geht es dir?« fragte mein Deutschlehrer.

»Wunderbar«, antwortete ich wahrheitsgemäß, jedenfalls hielt ich das momentan für die Wahrheit.

»Das freut uns«, sagte Frau Seifert.

»Margit, Margit, was machst du bloß für Sachen?« fragte Herr Kluge.

»War 'ne tolle Show, was?« fragte ich zurück.

»Ha, Ha, Ha. Wir haben schon besser gelacht.«

»Mutti hat mir erzählt, was im Bus losgewesen ist.«

»Ich mußte Sanitäter spielen und die ohnmächtigen Schüler aufwecken«, berichtete Herr Kluge.

Die beiden nahmen auf den Stühlen Platz. Herr Kluge, ganz Kavalier, überließ Frau Seifert den Stuhl mit der Lehne.
»Meine Zimmerausstattung läßt zu wünschen übrig, aber sonst ist der Service klasse«, scherzte ich.
»Sind die hier auch nett zu dir?« wollte Frau Seifert wissen.
»O ja, da gibt's nichts zu meckern. Ich krieg zwar nichts zu essen und zu trinken, aber das machen die nicht aus Bosheit, sondern wegen des Wundbrands«, erklärte ich.
»Deine Klassenkameraden sind alle sehr traurig, daß es dich so schlimm erwischt hat. Sie lassen dich grüßen und möchten dich so bald wie möglich besuchen.«
»Das wird wohl noch eine Weile dauern, mit dem Besuch«, sagte ich traurig.
»Können wir irgend etwas für dich tun?« fragte Herr Kluge.
»Ja, da wäre was. Ich kann zur Zeit nicht schreiben, weil mir alles weh tut. Ob Sie das für mich machen würden?«
»Ja sicher.«
Er kramte in seiner Tasche und zauberte einen Schreibblock und einen Kugelschreiber hervor.
»Du kannst loslegen.«
»Also, der Brief ist an meine Klassenkameraden. Fangen wir mit ›Hallo, Leute‹ an.«
Ich diktierte, und Herr Kluge schrieb. Als der Brief fertig war, las ihn mein Lehrer noch einmal vor.

Hallo, Leute,
ich liege hier und sehe aus wie eine Mumie, weil ich überall verbunden bin. Ich kann zur Zeit gar nichts tun, nicht mal schreiben. Diesen Brief muß ich diktieren. Mir ist stinklangweilig, aber es geht mir schon besser. Es tut mir leid, daß Ihr den Unfall mitgekriegt habt. Das sah ja nicht sehr appetitlich aus. Ihr sollt ja

alle ausgeschaut haben wie die Mehlsäcke. Ich hätte mal lieber den Lastwagen umfahren sollen, statt der mich. Das einzig Gute ist, daß er auch alle meine Schulbücher platt gemacht hat (Hi, Hi, Hi). Ich sehe zu, daß ich bald wieder da bin. Keine Sorge! Ach ja, könnt Ihr die Lehrer denn auch ohne mich ärgern? Tschüs, bis bald, Eure Margit.

»Geht das so?«
»Ja, das kannst du so lassen«, gab Herr Kluge sein Urteil ab.
»Wir müssen jetzt los«, mahnte Frau Seifert, die die ganze Zeit ruhig zugehört hatte.
»Das war aber ein kurzer Besuch«, stellte ich fest.
»Die Ärzte haben uns nicht erlaubt, lange zu bleiben.«
»Och, schade.«
»Gute Besserung wünschen wir dir, auch im Namen des gesamten Kollegiums«, verabschiedete sich Frau Seifert.
»Danke. Schöne Grüße an alle.«
»Den Brief lese ich morgen in der Klasse vor. Die werden sich freuen«, sagte Herr Kluge und grinste.

4

Am nächsten Tag erwartete mich eine Neuerung. Doktor Nicolai teilte mir während der Visite mit, daß mein Verband täglich gewechselt und die Wunde gesäubert werden müsse. Das sah ich ein.
»Wir geben dir vorher immer eine leichte Narkose, weil das weh tut«, kündigte er an.
»Jeden Tag?« fragte ich entsetzt, denn ich konnte mich noch sehr gut daran erinnern, welche Nachwirkungen eine Narkose hatte.
»Jeden Tag«, bestätigte Doktor.
»Wird mir dann immer so übel sein?«
»Du bekommst nur eine leichte Narkose, damit du so lange schläfst, bis wir mit dem Wechseln des Verbands fertig sind. Ich glaube zwar nicht, daß dir nach so einer leichten Narkose schlecht wird, aber wir müssen es abwarten.«
»Schöne Aussichten.«
»Was ist denn das für ein Monstrum?« fragte Doktor Nicolai und zeigte auf den Bär.
»Das ist mein Peng-Boing.«
»Dein was???«
»Mein Bär heißt Peng-Boing.«
»Bei dir scheint alles etwas seltsam zu sein.«
Kopfschüttelnd verließ er das Zimmer.
Ich begann Susanns Lieblingsbuch zu lesen. Die Handlung gefiel mir, doch eins störte mich gewaltig: Die Personen, die auf einem Ponyhof ein Abenteuer nach dem anderen erlebten, tranken dauernd Limonade. Auf jeder zweiten Seite schütteten die sich mit dem erfrischenden Getränk

zu. Ich hielt es kaum noch aus. Normalerweise wären mir die Limoszenen gar nicht aufgefallen, aber da ich nichts trinken durfte und der Durst mich fast wahnsinnig machte, erkannte ich, daß ich mich jenseits der Normalität befand. Jetzt verstand ich meinen Vater, der, wenn er sich das Rauchen abgewöhnen wollte, überall Zigarettenautomaten sah, die er vorher nie bemerkt hatte.
Ich legte das Buch weg und entschloß mich, es erst weiterzulesen, wenn ich wieder etwas zu trinken bekam.

Die Tür wurde aufgerissen, und eine junge Dame in weißer sportlicher Kleidung betrat mein Zimmer.
»Hallo, ich bin die Krankengymnastin und heiße Frau Lutz.«
»Krankengymnastin? Da müssen Sie sich in der Tür geirrt haben. Ich bin Margit Mertens und kann zur Zeit leider keine Gymnastik machen.«
»Doch, kannst du. Ich soll deine Füße trainieren, damit du keinen Spitzfuß bekommst.«
»Spitzfuß? Was ist denn das schon wieder?«
»Einen Spitzfuß bekommst du, wenn die Füße immer so durchhängen, wie sie das jetzt tun.«
Sie hob die Bettdecke an und deutete auf meine Füße, denen ich schon lange keine Aufmerksamkeit mehr geschenkt hatte.
»Na, dann fangen Sie mal an.«
»Zieh die Füße zu dir hin. Nein, nicht die Beine, nur die Füße.«
Ich tat, was sie sagte, und bewegte meine Füße kreisend, wackelnd und winkend. Das sollte ich immer machen, wenn mir langweilig war. Die Frau hatte keine Ahnung, daß ich mich ständig langweilte.
»Ich komme morgen wieder«, kündigte sie beim Weggehen an.

»Bis morgen«, rief ich hinter ihr her.
Ich schaute aus dem Fenster; manchmal war das ganz erheiternd. Am Vormittag kam ein Krankenwagen und brachte einen jungen Mann in schmutziger Arbeitskleidung. Er kämpfte verzweifelt gegen die Sanitäter, dann sprang er von der Trage und wollte verduften, doch die Sanitäter holten ihn schnell ein und brachten ihn in die Notaufnahme. So erfuhr ich, daß nicht nur ich mich seltsam benommen hatte, als ich eingeliefert wurde. Es schien der Normalzustand zu sein, in dem man sich nach einem Unfall befand.
Auch jetzt fuhr ein Krankenwagen vor. Mal sehen, was er brachte. Nichts Besonderes, schade.
Ich wartete. Nichts tat sich. Wie spät war es eigentlich? Wann kamen denn endlich meine Eltern? Ich wurde nervös. Statt meiner Eltern kamen die Ameisenarmeen, die mein Bein terrorisierten. Mist, auch das noch.
»Ich werd noch wahnsinnig!« schrie ich und begann im Bett herumzuwühlen.
Sofort stand eine Schwester in der Tür und fragte, was mit mir los sei.
»Nichts Besonderes, mein Bein tut weh, ich habe Durst, ich sterbe vor Langeweile, und ich drehe gleich durch, aber sonst ist nichts. Danke der Nachfrage«, antwortete ich zynisch.
Schwester Julia schaute mich traurig an.
»Ich habe jetzt Dienstschluß. Weißt du was? Ich bleibe noch ein bißchen bei dir. Dann können wir reden, ja?«
»Haben Sie nichts Besseres vor?« fragte ich.
»Nein, zu Hause wartet nur die Bügelwäsche, und dazu habe ich sowieso keine Lust.«
»Das kann ich mir denken.«
Sie setzte sich auf den Stuhl und fragte mich nach meinen

Hobbys und was ich später von Beruf werden wollte. Die Frage nach den Hobbys war leicht zu beantworten. Bei dem Berufswunsch wurde es schon schwieriger.

»Was ich mal werden will, weiß ich noch nicht. Mein Onkel Ulrich meint, daß Masseurin ein guter Beruf sei, und Papa möchte, daß ich Beamtin werde.«

»Du mußt das tun, was dir Spaß macht.«

»Mir macht vieles Spaß, und deshalb kann ich mich auch nie entscheiden. Ich finde, daß jedes Ding zwei Seiten hat, eine gute und eine schlechte. Das ist bei allem so.«

»Ja, da hast du recht. Aber für irgend etwas muß man sich entscheiden.«

»Das sagen meine Eltern auch immer. Die können nicht verstehen, daß ich heute dies und morgen das will.«

»Das ändert sich, wenn du älter bist.«

»Aber wenn ich älter bin, hat trotzdem noch jedes Ding zwei Seiten. Vielleicht entscheidet man sich für das Falsche.«

»O ja, das kommt oft vor. Manche Fehler kann man korrigieren und andere nicht. Deshalb ist es wichtig, daß du zwischen Fehlern, die man korrigieren kann, und solchen, die dein ganzes Leben versauen, zu unterscheiden lernst«, sagte die Schwester mehr zu sich selbst.

»Ganz schön schwierig. Hätte jeder Mensch zwei Leben, wäre es wesentlich einfacher.«

Schwester Julia lachte und stand auf.

»So, jetzt muß ich aber gehen.«

»Danke, daß Sie mit mir gesprochen haben.«

»Schon gut, hat mir Spaß gemacht. Mit dir kann man sich besser unterhalten als mit manchem Erwachsenen.«

»Oh, welch Kompliment.«

»Bild dir bloß nichts darauf ein«, riet sie mir lachend und verließ das Zimmer.

Meine Eltern brachten mir einen dicken braunen Briefumschlag mit.
»Was ist das?« fragte ich erstaunt.
»Da sind achtundzwanzig Briefe von deinen Klassenkameraden drin. Herr Kluge war heute mittag kurz bei uns. Er gab mir den Umschlag«, antwortete Mutti.
»Was? Das faule Pack hat geschrieben?«
Ich war gerührt, das hatte ich nicht erwartet.
»Hoffentlich steht nicht in jedem Brief was von Limo.«
Ich erzählte meinen Eltern von der Misere am Vormittag.
»Die Nachbarn haben Geschenke für dich gebracht«, berichtete Papa.
»Ja? Was denn?«
»Süßigkeiten und Geld. Wir haben die Süßigkeiten lieber zu Hause gelassen, sonst geht es dir damit wie mit der Limo.«
»Ja, ja, selber essen macht fett.«
»Quatsch, wir heben sie natürlich für dich auf. Was denkst du eigentlich von uns?« entrüstete sich mein Vater.
Ich erzählte ihnen von der Narkose, die ich nun jeden Tag bekommen sollte. Als ich ihre besorgten Gesichter sah, beschloß ich, die Verbreitung solcher Nachrichten in Zukunft Doktor Nicolai zu überlassen.
Ich wollte meine Eltern trösten, aber das konnte ich nicht, weil ich selbst Angst hatte.
Onkel Otto kam mit mehreren Infusionsflaschen ins Zimmer.
»Guten Tag, ich bin der Oberkellner und bringe dein Essen.«
Erst begrüßte er meine Eltern, dann stellte er sich neben mein Bett und präsentierte mir die Infusionsflaschen. Dabei zeigte er auf das jeweilige Etikett und pries die Vorzüge der einzelnen Flüssigkeiten.

»Dies hier ist ein ausgezeichneter Jahrgang. Darf ich Ihnen davon etwas in die Venen tröpfeln?« fragte er, indem er sich verbeugte wie ein Kellner vor dem noblen Gast.
»Sehr gern, Monsieur«, antwortete ich vornehm.
»Wird sofort erledigt, Madame.«
Er verbeugte sich noch dreimal, dann schloß er die neuen Infusionsflaschen an.
Meine Eltern standen mit offenen Mündern da und glaubten im falschen Theater zu sein.
»Das ist Onkel Otto«, stellte ich ihnen den Pfleger vor. Diese Information verwirrte sie noch mehr.
»Ich werde von allen Onkel Otto genannt, aber ich heiße Kurt Rosenbaum«, klärte Onkel Otto die Angelegenheit.
Jetzt grinsten mein Vater und meine Mutter.
»Deine Eltern denken, wir sind nicht ganz normal«, sagte er zu mir und lächelte.
»Sind wir ja auch nicht«, erwiderte ich.
»Zack, da hab ich's wieder. Immer muß das Balg das letzte Wort haben. Ja, ist gut, ich habe verstanden ...«
Er spielte den Beleidigten und zog schimpfend von dannen.
»Jetzt hast du ihn verärgert«, setzte meine Mutter noch einen drauf.
»Aber Mutti, er tut doch nur so, als ob er beleidigt wäre. Paß auf, er ist gleich wieder da.«
Und tatsächlich, in diesem Moment kam er zurück und tat so, als ob nichts gewesen wäre.
»Hier sind deine Bonbons. Heute ist die bunte Mischung dran«, scherzte er und gab mir die Tabletten.
Nun kapierten meine Eltern endlich, daß sie es hier mit einem Spaßvogel zu tun hatten, der nichts übelnahm.
»Ich freue mich schon darauf, die Briefe zu lesen.«
»Das ist gut. Wir gehen heute ein bißchen früher, weil der Doktor noch mit uns reden will«, kündigte mein Vater an.

»Ach, worüber denn?« fragte ich.
»Wahrscheinlich über die Narkosen, die du bekommen sollst.«
Meine gute Laune verschwand sofort, als ich das Wort Narkose hörte. Mir blieb nichts anderes übrig, als abzuwarten, was da auf mich zukam. Ein mieser Zustand.

Als meine Eltern gegangen waren, öffnete ich den dicken Briefumschlag. Viele kleine Briefe fielen heraus. Ich schnappte mir den erstbesten und begann zu lesen. Meine Klassenkameraden durften die Briefe in der Deutschstunde schreiben, und jeder gab seinen Kommentar zu meinem Unfall ab. Es tat ihnen entsetzlich leid. Sie versuchten mich zu trösten, indem sie mir schrieben, daß die Schule zur Zeit die Hölle sei. War sie das nicht immer? Manche wollten sogar mit mir tauschen. Nur zu! Um mich auf andere Gedanken zu bringen, schrieben sie mir Witze.
Nicole wollte mich mit ihrem Hund besuchen. Conny hatte es gewagt, in kurzer Hose herumzulaufen, was ihr den Spott der anderen einbrachte. Lena schrieb, daß ihr Kaugummi ausgekaut sei und nur noch fad schmecke. Andere beklagten sich, daß Frau Gerber, die Englischlehrerin, eine doofe Kuh sei, weil sie immer so viele Hausaufgaben aufgäbe. Von Stefan erfuhr ich, daß die Klassenkasse nicht mehr so gut liefe, seitdem ich nicht da sei. Er verwaltete die Kasse, aber ich war der Schuldeneintreiber, wenn er nach mehreren Drohungen die Knete nicht bekam.
»Du fehlst uns sehr«, schrieb er. Das wollte schon was heißen, wenn Stefan so was von sich gab.
Hans schrieb: »Ich hoffe, Dir geht es gut, und Deinem Bein wünsche ich auch gute Hoffnung. Aber Du wirst bald wieder bei uns sein, und wir verarschen die Lehrer wieder.

Schaff Dir schnell die Verletzung ab, denn ohne Dich wird die Fete in der Schule bestimmt nichts.«
Die »harten Männer« besaßen eben doch einen weichen Kern. Manuela wollte mir haufenweise Comics leihen, denn die lägen bei ihr sowieso nur rum, und Andrea beauftragte ihre Geschwister, die ich nur vom Sehen kannte, mir auch zu schreiben, damit ich dauernd etwas zu lesen hätte.
Mischa schrieb: »Herr Kluge hat uns erzählt, Du würdest an Schläuchen liegen, für die Nahrung, find ich toll – kein Kauen mehr!«
So hatte jeder seine eigene Vorstellung vom Krankenhausalltag.
Die Briefe freuten mich sehr. Sie waren so lustig und lieb geschrieben. Jeder einzelne meiner Klassenkameraden hatte sich Mühe gegeben; auch diejenigen, die bei einem Aufsatz kaum etwas zustande brachten, schrieben mir einen langen Brief. Ich war gerührt.
Das Lesen hatte mich müde gemacht, und ich schlief bis zum nächsten Morgen.

Um zehn Uhr wurde ich von Onkel Otto und Schwester Julia mit meinem Bett in einen Raum gefahren, in dem der Verband gewechselt werden sollte.
An der Tür hing ein Schild, auf dem »Gipsraum« stand.
»Gipsraum? Ihr wollt mich doch wohl nicht eingipsen, oder?« fragte ich.
»Höchstens deine große Klappe«, konterte Onkel Otto.
»Das könnte dir so passen!«
»Hab keine Angst, das ist schon alles in Ordnung, was die hier machen«, sagte Schwester Julia.
Ich nickte, und die beiden ließen mich allein in dem großen Gipsraum, der kalt wirkte und fast wie ein Opera-

tionssaal aussah. Es befanden sich einige Schränke, ein Waschbecken und eine hohe Liege darin. Über der Liege hing eine verstellbare Lampe.
Ich hörte Stimmen, und gleich darauf betrat das Ärzteteam mit zwei Pflegern und zwei Schwestern den Raum. Doktor Nicolai begrüßte mich herzlich. Er stellte mir den Arzt vor, der für die Narkose zuständig war. Mein Bett wurde in die Mitte des Raums gefahren, und der Narkosearzt spritzte mir das Narkosemittel.
»So, jetzt wirst du gleich einschlafen«, sagte er.
»Das glaub ich nicht. Ich bin hellwach, ehrlich«, erwiderte ich lachend.
»Wart's ab!«
»Ach, Quat ...«

Ich wachte in meinem Zimmer auf. Eine Schwester saß neben mir. Sie las in Susanns Lieblingsbuch. Als sie sah, daß ich nicht mehr schlief, lächelte sie mich an.
»Ist schon alles vorbei?« fragte ich.
»Ja«, antwortete sie.
»Ich bin so müde.«
»Dann schlaf noch ein bißchen.«
Ich schlief nicht nur ein bißchen, sondern bis in den späten Nachmittag. Als ich die Augen öffnete, saßen meine Eltern neben mir.
»Wie lange seid ihr denn schon hier?«
»Eine ganze Weile«, sagte Papa.
»Warum habt ihr mich denn nicht geweckt?«
»Du schliefst so schön«, antwortete Mutti und strich mir die Haare aus dem Gesicht.
»Ich fühle mich wie verprügelt«, stellte ich fest.
»Das kommt von der Narkose.«
»Möglich.«

Ich schlief wieder ein und wachte erst gegen Abend auf. Meine Eltern waren längst weg. Ich fühlte mich hellwach und putzmunter. Am Fenster erschien ein Gesicht und schnitt Grimassen. Ich lachte. Es war Doktor Nicolai, der mich aufheitern wollte. Kurz darauf klopfte es an der Tür, und der Doktor kam ins Zimmer.
»Na, wieder unter den Lebenden?«
»Ich hab den ganzen Tag verpennt!« schimpfte ich.
»Du verpaßt doch sowieso nichts.«
»Doch, meine Eltern waren da. Wird das jetzt jeden Tag so sein?«
»Nein, heute haben wir dir die Narkosedosis für Elefanten gegeben. Morgen versuchen wir's mal mit der Dosis für Wildschweine.« Er mußte über seinen eigenen Witz lachen. Ich konnte nicht mehr böse sein und lachte mit.
Er setzte sich auf den Stuhl und erzählte mir einen Witz nach dem anderen. Ich kramte in den Briefen meiner Mitschüler und las ihm ein paar Witze daraus vor. Wir kamen aus dem Lachen nicht mehr heraus.
»Müssen Sie nicht arbeiten?« fragte ich.
»Zur Zeit ist nichts. Die rufen mich schon, wenn sie mich brauchen.«
Er nahm meinen Teddybär und betrachtete ihn von allen Seiten.
»Peng-Boing heißt der?« fragte er.
»Ja, warum nicht?«
»Tja, warum eigentlich nicht?«
Wir schauten uns an und brachen wieder in schallendes Gelächter aus.

Der nächste Tag fing gut an. Schwester Evi versorgte mich mit allem Nötigen. Sie versuchte sich ständig etwas einfallen zu lassen, womit ich mich beschäftigen konnte.

»Hier auf der Station liegt ein Mädchen, das ist drei Jahre älter als du. Ihr ist auch langweilig. Hast du nicht Lust, sie kennenzulernen?« fragte mich die liebe Schwester Evi.
»Au ja, das wär toll!«
»Dann schicke ich sie gleich mal vorbei.«
Ich freute mich schon sehr auf das Mädchen. Jetzt würde ich immer jemanden haben, der mich besuchen käme, vorausgesetzt, sie war nett.
Kurze Zeit später klopfte es an der Tür. Ein hübsches Mädchen mit langem dunklem Haar betrat mein Zimmer.
»Hallo! Ich bin Silke.«
»Ich bin Margit.«
»Schwester Evi sagte, es ginge dir nicht gut, und du könntest nicht laufen. Deshalb soll ich dir ein wenig die Zeit vertreiben.«
»Ja, so ist's. Ich liege hier nur rum. Das ist stinklangweilig. Meine Freunde und Klassenkameraden dürfen mich noch nicht besuchen. Setz dich doch.«
Sie setzte sich auf den Stuhl und schaute sich im Zimmer um.
»Du liegst wenigstens allein. In meinem Zimmer sind zwei uralte Omis.«
»Was hast du eigentlich?« wollte ich wissen.
»Ich hatte eine Nagelex.«
»Eine was?« fragte ich verständnislos.
»Ich hatte mir das Bein gebrochen, und das mußte mit einem Nagel oder so einer Art Platte geflickt werden. Das ist jetzt aber schon fast ein Jahr her.«
»Und du liegst immer noch hier?« rief ich entsetzt.
»Nein, um Himmels willen! Der Nagel mußte wieder rausgenommen werden, deshalb bin ich jetzt da.«
Sie zeigte mir den Verband an ihrem Unterschenkel.
»Ach so, ich fürchtete schon, daß die alle Patienten hier ein Jahr liegen lassen.«

»Nee, so schlimm ist es auch nicht. Was hast du denn?«
»Mich hat ein Lastwagen erwischt, und dabei hat er das Fleisch von meinem rechten Oberschenkel abgefahren.«
»Ach du Scheiße! ... Oh, Verzeihung.«
»Du hast schon recht, das ist wirklich Scheiße.«
Wir wurden unterbrochen, weil mein Verband gewechselt werden sollte.
Silke versprach, mich am nächsten Tag wieder zu besuchen.

Die Ärzte warteten im Gipsraum auf mich. Der Narkosearzt grinste mich an, ich grinste zurück.
»Heute bitte die Dosis für Wildschweine!« sagte ich zu ihm. Das kapierte er nicht. Doktor Nicolai lachte leise vor sich hin, machte aber keine Anstalten, dem Narkosearzt zu erklären, was es mit der Wildschweindosis auf sich hatte. Das Narkosemittel wurde gespritzt.
»Tschüs, bis morgen«, verabschiedete ich mich von dem Narkosearzt, dann war ich weg.

Die Wildschweindosis zog mich nicht so sehr aus dem Verkehr, wie es die Elefantendosis getan hatte, aber ich war trotzdem müde und schlief ab und zu ein. Das passierte sogar mitten im Gespräch.
Das Gute an dieser Müdigkeit war, daß ich die Schmerzen nicht so stark spürte und somit auf das Hammermedikament verzichten konnte.

Langsam gewöhnte ich mich an den neuen Tagesablauf, der stets gleich war.
Mein Tagesprogramm begann mit dem morgendlichen Waschen, was immer noch eine Schwester erledigte. Danach wurden die Infusionsflaschen und der Katheterbeutel gewechselt. Meine täglichen Tabletten und Spritzen bekam

ich gegen neun Uhr. Die Krankengymnastin quälte mich mit ihren Fußübungen, die mir ziemlich auf den Wecker gingen. Von zehn bis zwölf befand ich mich in narkotisiertem Zustand, von dem ich mich erst gegen Abend völlig erholte. Meine Eltern kamen jeden Tag und erzählten mir, von wem sie mich grüßen sollten und was sich sonst noch ereignet hatte. Silke besuchte mich ebenfalls jeden Tag und hielt die Brechschale vor mein Gesicht, wenn mir von der Narkose übel wurde. Es machte ihr nichts aus, sie kümmerte sich rührend um mich.
Im Laufe des Tages wurden die Infusionsflaschen noch ein paarmal gewechselt. Oft schaute jemand vom Pflegepersonal durch das kleine Wandfenster.

So verstrichen die Tage, und ich hatte nicht das Gefühl, daß sich mein Zustand besserte, ganz im Gegenteil, es ging mir jeden Tag schlechter.
Ich nahm ab, mein Sinn für Humor war auf ein Minimum gesunken, meine Gesichtsfarbe hatte sich der Farbe des Bettlakens angepaßt, und ein schrecklicher Fäulnisgeruch breitete sich im Zimmer aus.
Dieser Geruch kam von meinem Bein. Ich versuchte ihn mit Parfum, das ich über die Bettdecke schüttete, zu bekämpfen. Vergeblich.
Doktor Nicolai verlor kein Wort über diesen Geruch. Er deutete an, daß das Gewebe nicht gut heilen würde. Ich machte mir meine eigenen Gedanken zu diesem Thema: Wenn das Gewebe nicht wieder anwächst, was dann? Vielleicht verfaule ich langsam bei lebendigem Leibe. So riecht es jedenfalls.
An den Gesichtern meiner Mitmenschen konnte ich erkennen, daß ich an einem Punkt angelangt war, der nichts Gutes verhieß.

5

Am vierzehnten Krankenhaustag änderte sich der Tagesablauf. Alle benahmen sich seltsam. Selbst Onkel Otto schien nicht gut aufgelegt zu sein. Er kam in mein Zimmer und gab mir eine Spritze.
»He, krieg ich jetzt noch eine Spritze mehr am Tag?« fragte ich.
»Die ist nur zur Beruhigung«, antwortete Onkel Otto.
»Wieso? Ich bin doch ganz ruhig.«
»Anweisung von oben«, erklärte er knapp.
Mir kam das alles sehr merkwürdig vor.
»Ich habe Angst«, sagte ich zu Onkel Otto.
»Das brauchst du nicht, Kind. Es ist alles in Ordnung.«
Ich glaubte ihm nicht. Er konnte nicht lügen.

Kurze Zeit später wurde ich zum Verbinden gebracht. Onkel Otto und Schwester Julia schoben mich in meinem Bett durch die Gänge. Diesmal hielten wir nicht an dem Fahrstuhl an, mit dem wir normalerweise zum Gipsraum fuhren.
»He, wo wollt ihr denn hin? Wir sind schon am Fahrstuhl vorbei«, rief ich.
»Heute wirst du in einem anderen Raum verbunden.«
»Mir soll's egal sein«, erwiderte ich.
Ich konnte sowieso nichts dagegen tun. Sollten die doch machen, was sie wollten.
Ich wurde in einen kleinen Raum gefahren. Ich stützte mich etwas auf und blickte mich um. Vor mir befand sich eine breite Schiebetür. Sie war einen Spalt offen. Dahinter

lag ein weiterer Raum, der wesentlich größer aussah als dieses kleine Zimmerchen.
Viele Leute liefen geschäftig umher, und alle trugen grüne Kittel und Mundschutz.
Ich schaute mich nach einem bekannten Gesicht, oder was davon zu sehen war, um. Ich entdeckte eine Schwester, die auch sonst beim Wechsel des Verbands anwesend war. Dann suchte ich nach Doktor Nicolai, doch vergebens. Währenddessen machte sich ein Narkosearzt an meiner Ellenbeuge zu schaffen.
Ich hörte noch, wie ein Arzt die Schwester fragte: »Ist sie das?«
»Ja.«
»Armes Mädchen!«
Dann wurde es dunkel und still um mich herum.

Ich erwachte wie immer in meinem Zimmer, doch diesmal hatte ich das Gefühl, daß irgend etwas nicht in Ordnung war. Schwester Evi kam herein.
»Na, wieder wach?« fragte sie lächelnd.
»Hier stimmt was nicht«, sagte ich beunruhigt.
»Wieso? Was soll denn nicht stimmen?«
»Was ist hier los?« fragte ich unfreundlich.
»Nichts ... Nichts ist los.«
Ich entdeckte Panik in ihren Augen. Sie verschwieg etwas. Blitzschnell riß ich die Bettdecke von meinen Beinen und betrachtete sie. Schwester Evi stand wie angewurzelt am Fußende meines Bettes. Ich blickte auf den dicken Verband an meinem rechten Bein, ohne daß mir etwas Ungewöhnliches auffiel. Ich starrte auf meine Beine, und plötzlich sah ich es. Ein Schauer des Entsetzens lief mir den Rücken hinunter. Ich verglich meine Beine. Dann schrie ich laut auf. Ich kreischte vor Wut. Die Schwester zuckte zusammen.

»Was ist mit meinem Bein passiert? Was haben die damit gemacht? Die Schweine! Es ist viel dünner als das andere. Da, sehen Sie!«
Schwester Evi wurde blaß. Ich weinte und schrie, so laut ich konnte. Doktor Nicolai kam ins Zimmer gestürzt.
»Was ist passiert?« rief er atemlos.
»Sie hat's gemerkt. Gleich nachdem sie aufwachte«, antwortete Schwester Evi bestürzt.
»Wie konnte sie das merken? Wir haben den Verband extra dick gewickelt.«
Ich schrie weiter. Mein Geschrei wurde immer hysterischer. Der Doktor gab Schwester Evi Anweisungen, ein Beruhigungsmittel zu holen.
»Was haben Sie mit meinem Bein gemacht?« schrie ich ihn an.
»Beruhige dich! Ganz ruhig!«
Er packte mich an den Schultern und drückte mich ins Bett zurück. Ich ließ mich fallen. Ich hatte keine Kraft mehr, mich dagegen aufzulehnen. Die Schwester kam mit der Beruhigungsspritze, und Doktor Nicolai gab sie mir. Ich hörte auf zu schreien und weinte nur noch leise vor mich hin.
»Du darfst dich nicht so aufregen, das schadet dir nur.«
Ich sagte nichts und schaute zur anderen Seite.
»Du bist sauer, klar, das verstehe ich«, versuchte er mich zu besänftigen.
»Sauer? Das ist viel zu milde. Ihr habt mich beschissen!«
Mein Kopf flog herum, und ich schaute ihm direkt in die Augen. Er sah müde und niedergeschlagen aus.
»Hör zu! Das Fleisch begann zu faulen. Wir haben es weggeschnitten. Wenn wir das nicht gemacht hätten, wärst du innerhalb der nächsten drei Tage gestorben«, sagte er traurig.

Ich beruhigte mich ein wenig. Er tat mir leid. Immer war er es, der mir die schlechten Nachrichten bringen mußte.
»Ihr habt alles weggeschnitten, nicht wahr? Den ganzen Oberschenkel ...« Die letzten Worte blieben mir im Hals stecken.
»Ja. Wir haben die gesamte Haut und das Fettgewebe vom Oberschenkel entfernt.«
»Na klasse! Wie soll das jemals heilen? Eine so große Fläche wächst doch nicht mehr zu«, meinte ich.
»Da gibt es schon Möglichkeiten ...«
»Ist mir sowieso egal. Mir ist alles scheißegal. Ich will jetzt auch nichts mehr wissen.«
Ich drehte mich wieder von ihm weg und weinte still in mein Kopfkissen. Doktor Nicolai ging leise aus dem Zimmer.
Was hatten die mir angetan? Ich war entsetzt und gekränkt. Keiner hatte mir vorher etwas davon gesagt. Alle wußten es, und niemand hat mich gewarnt. Ich fühlte mich von allen verraten. Sicher hatten auch meine Eltern davon gewußt. Sie mußten doch bestimmt so einen Wisch unterschreiben. Und Onkel Otto, der hatte es auch gewußt und mir sogar noch eine Spritze gegeben, damit die Ärzte in aller Ruhe mein Bein zerstückeln konnten.
Tränen liefen mir über die Wangen. In diesem Moment haßte ich jeden Menschen, ganz egal, ob er etwas damit zu tun hatte oder nicht. Ich haßte sie, weil sie anders waren als ich. Ich würde nie mehr dieselbe sein, wenn ich dieses Krankenhaus verließ, falls ich es überhaupt jemals verließ. Vor Erschöpfung schlief ich ein.

Stunden später öffnete ich die Augen. Meine Eltern saßen neben dem Bett. Sie sahen abgespannt und traurig aus. Doktor Nicolai hatte ihnen sicher schon von meinem Aufstand nach der Operation erzählt.

Verschlafen blinzelte ich sie an.
»Ihr habt es gewußt, nicht wahr?« fragte ich.
»Ja. Wir mußten unser Einverständnis geben«, antwortete meine Mutter leise.
»Wir hatten keine andere Wahl. Entweder die Operation, oder du wärst gestorben«, sagte mein Vater.
Es klang fast wie eine Entschuldigung.
Ich wollte nicht weiter mit ihnen reden und stellte mich deshalb schlafend.
Meine Eltern blieben noch einige Zeit schweigend neben meinem Bett sitzen, dann verließen sie leise den Raum. Plötzlich fühlte ich mich sehr einsam und bereute, daß ich sie nicht beachtet hatte. Ich wußte, daß sie die Einverständniserklärung niemals unterschrieben hätten, wenn es noch einen anderen Weg gegeben hätte.
Ich lag im Bett und starrte die Decke an. Langsam kamen die Schmerzen zurück. Sie krochen von meinem Knie bis zur Hüfte herauf. Es war, wie wenn jemand Tausende von kleinen Messern in mein Bein stechen würde, eins direkt neben das andere.
Der Schock über den Verlust meines Fettgewebes hatte die Schmerzen den ganzen Tag zugedeckt. Doch nun brachen sie so stark durch, daß mein Herz fast stehenblieb.
Ich lag wie erstarrt im Bett und traute mich nicht, mich zu bewegen. Nach einer Weile ließen die Schmerzen tatsächlich nach, und ein angenehmer Nebel umhüllte mein Bewußtsein. Das Licht in meinem kleinen Zimmer schien heller zu werden. Eine innere Ruhe und Zufriedenheit nahm den Platz der Schmerzen und der Wut ein. Ich lächelte. In diesem Moment kam Schwester Lena ins Zimmer. Sie blieb ein paar Sekunden wie angewurzelt stehen, dann verließ sie es fluchtartig.
Ich hörte sie auf dem Flur etwas rufen, konnte jedoch die

Worte nicht verstehen. Was hatte sie bloß? Mir war es doch noch nie besser gegangen.

Gleich darauf kehrte sie mit einem Arzt zurück. Sie stürzten sich auf mich und rissen mir die Bettdecke weg. Der Arzt, den ich vorher einmal kurz bei einer Visite gesehen hatte, schrie Namen von Medikamenten. Zwei andere Schwestern rannten herbei. Schwester Lena lief los, um die gewünschten Medikamente zu holen. Sie kam mit einem Infusionsständer zurück, an dem eine Flasche mit klarer Flüssigkeit baumelte. Der Doktor sah sich inzwischen meine zerstochenen Arme an. Er entschied sich, die Infusion an meinem Fuß anzulegen. Es ging alles sehr schnell.

Als er die Nadel in die Vene auf dem Fußrücken einstach, zuckte ich zusammen. Es tat weh.

Dann tropfte die Flüssigkeit in meinen Körper. Ich bemerkte keine Veränderung.

Eine Schwester fühlte meinen Puls, eine andere legte mir rasch die Blutdruckmanschette um den Oberarm.

Ich verstand den ganzen Aufwand nicht. Was wollten die von mir? Nach einiger Zeit hörte ich die Schwester, die für das Blutdruckmessen zuständig war, sagen: »Blutdruck wieder stabil.«

Die andere Schwester meldete, daß sich der Puls ebenfalls stabilisierte. Der Arzt atmete auf. Die »Blutdruck-Schwester« ließ sich mit einem Seufzer der Erleichterung auf den Stuhl fallen.

Der Doktor gab noch einige Anweisungen und verließ dann das Zimmer.

Schwester Lena schaute mich prüfend an. Jetzt löste sich der Nebel in meinem Kopf langsam auf, und das helle Licht verschwand.

»Das war in allerletzter Minute«, meinte Schwester Lena. Ich verstand überhaupt nichts.

»Gut, daß du gerade in diesem Moment ins Zimmer kamst«, sagte die »Puls-Schwester« zu Schwester Lena.
»Reiner Zufall«, erwiderte diese und sagte dann mit sanfter Stimme zu mir: »Schlaf jetzt ein bißchen.«
Dann verließen alle das Zimmer. Ich war wieder allein, doch nicht lange, denn die Schmerzen lauerten schon im Hinterhalt, um mich erneut anzugreifen. Ich war zu erschöpft, um mich gegen sie zu wehren.

Am nächsten Morgen erfuhr ich, was passiert war. Meine Eltern kamen schon sehr früh.
»Das war aber knapp«, sagte meine Mutter.
Ich konnte wieder denken, ganz im Gegensatz zum Vorabend.
»Was war knapp?« fragte ich erstaunt.
»Du wärst gestern abend fast gestorben, wenn Schwester Lena nicht rechtzeitig dagewesen wäre«, antwortete mein Vater. »Hast du das denn nicht gemerkt?«
»Nee, ich hab nichts mitgekriegt, außer diesem Riesenaufstand, der hier veranstaltet wurde.«
»Schwester Lena sagt, daß du abwechselnd weiß und blau im Gesicht geworden bist. Du warst schon fast tot.«
»Tatsächlich? Ich fühlte mich aber gut, sehr gut sogar.«
»Wir waren kaum zu Hause, da klingelte das Telefon, und sie erzählten uns, was passiert war«, berichtete meine Mutter.
»Geht's dir jetzt gut?« fragte Papa.
»Ja, bis auf die Schmerzen. Aber man gewöhnt sich an alles«, antwortete ich bitter.
»Du hast uns einen ganz schönen Schrecken eingejagt.«
Meine Eltern blieben nicht lange. Als sie gegangen waren, dachte ich über die Ereignisse des Vortags nach. So schlimm konnte das mit dem Sterben also nicht sein. Wenn

das alles war, warum hatten die Menschen so eine Angst davor? Vielleicht war das Leben ja viel schlimmer als der Tod? Mir stand es nicht zu, darauf eine Antwort zu finden. Ich lebte ja noch.

Die Infusion wurde wieder in meiner Ellenbeuge angebracht. Dauernd kam jemand vom Pflegepersonal in mein Zimmer. Es schien, als hätten sie Angst, daß sich der Vorfall von gestern abend wiederholen könnte.
Onkel Otto ließ die Tür zu meinem Zimmer offen. Da das Schwesternzimmer direkt neben meinem lag, ging es zu wie im Taubenschlag, doch so hatten sie mich gut im Blickfeld. Meine Wut legte sich allmählich. Ich sah inzwischen ein, daß die Operation notwendig gewesen war. Wer wollte schon im Alter von zwölf Jahren den Löffel abgeben?
Ich mußte wieder gesund werden, auch wenn das Leben für mich nicht mehr so sein würde wie vor dem Unfall. So versuchte ich mir Mut zu machen. Eine schwere Aufgabe.
Die tägliche Narkose bekam ich weiterhin. Als ich am 2. Mai aus der Narkose erwachte, fühlte ich rauhe Stellen in meinem Gesicht. Ich betastete sie immer wieder, weil ich mir nicht vorstellen konnte, was das war. Erst dachte ich, diese Stellen wären eine allergische Reaktion auf ein Medikament. Das hatte ich schon einmal gehabt, als ich noch klein war. Dann zählte ich vier längliche rauhe Stellen, die quer über meine rechte Wange verliefen. Ich legte meine Finger darauf, und siehe da, sie paßten genau. Den Rest konnte ich mir schnell zusammenreimen. Anscheinend war ich aus der Narkose nicht erwacht. Um mich zu wecken, hatte mich jemand ein paarmal geohrfeigt. Deshalb die Striemen in meinem Gesicht.
Wie machtlos und ausgeliefert ein Mensch doch war, wenn er in Narkose lag.

An diesem Tag bekam ich Besuch von unserem Fernsehtechniker. Er brachte mir ein Fernsehgerät. Es wurde in das kleine Fenster gestellt, welches mein Zimmer mit dem Schwesternzimmer verband. Leider war keine Fernbedienung für das Gerät vorhanden, und ich mußte entweder immer auf einem Kanal bleiben oder eine Schwester rufen, damit sie für mich umschaltete. Nachdem ich ein paarmal deswegen geklingelt hatte, kriegten die Schwestern Zustände.
»Nicht mal 'ne Kaffeepause gönnste uns«, schimpfte Schwester Gabi.
»Liegen Sie mal hier ohne Fernbedienung!« erwiderte ich.
»Ja, haste auch wieder recht. Is bestimmt nich toll, wa?« sagte sie daraufhin grinsend.
Ich hielt mich jedoch von nun an etwas zurück, die armen Schwestern als Fernbedienung zu mißbrauchen.
Mein Zustand hatte sich nach dem Todeskampf vor zwei Tagen ein bißchen gebessert. Ich fand mich mit meinem Schicksal ab. Die Schmerzen hielten sich aufgrund einer Menge Medikamente in Grenzen. Dank des Fernsehgeräts war mir nicht mehr so langweilig. Ich schaute oft in die Glotze und bestand darauf, daß die Vorhänge zugezogen wurden, denn sonst war auf der kleinen Bildröhre nichts zu erkennen. Außerdem wollte ich sowieso nicht sehen, wie die Sonne draußen lachte, während ich hier drinnen lag und nichts weiter tun konnte als lesen, fernsehen und abwarten, daß sich mein Zustand besserte.

Ich schaute gerade einen Zeichentrickfilm, als ich einen brennenden Schmerz in meiner linken Hand spürte. Ich bemerkte eine Riesenbeule auf meinem Handrücken, wo die Infusion angeschlossen war.
Ich drückte auf den roten Klingelknopf.

»Was gibt's? Umschalten, oder was?« fragte Schwester Gabi.
»Nee, gucken Sie mal! Da ist eine Beule.«
Ich deutete auf meine linke Hand. Schwester Gabi sah sich das Ding an.
»Ach du großer Vater. Die Infusion läuft para!« rief sie und lief weg.
Gleich darauf kam sie mit Doktor Nicolai zurück. Der entfernte die Nadel sofort aus der Beule.
»Holen Sie was zum Kühlen!« wies er Schwester Gabi an.
Sie brachte eine Kühlpackung und ein neues Infusionsbesteck mit. Doktor Nicolai legte mir die Infusion an der rechten Hand an. Die Ellenbeugen waren inzwischen so zerstochen, daß sie erst mal heilen mußten, bevor dort wieder gepiekst werden durfte.
»Wenn ich hier rauskomme, sehe ich aus, als ob ich rauschgiftsüchtig wäre. Ich komme bestimmt durch keine Polizeikontrolle mehr«, beschwere ich mich bei ihm.
»Du schaust einwandfrei zuviel in diesen doofen Fernsehkasten. Polizeikontrolle? Daß ich nicht lache«, erwiderte er.
»Krimis sehe ich am liebsten«, sagte ich grinsend.
Er schaute sich die Beule noch einmal an.
»Das ist ja ein richtiges Ei.«
»Wie ist das gekommen? Ich hab nichts gemacht. Ehrlich«, beteuerte ich.
»Die Infusion ist para gelaufen. Das heißt daneben. Sie ist daneben gelaufen.«
»Ach so. Para heißt daneben. Dann ist Parapsychologie Danebenpsychologie. Ich verstehe.«
»Du sollst mich nicht immer auf den Arm nehmen«, schimpfte Doktor Nicolai. »Aber in gewisser Weise hast du schon recht. Parapsychologie beschäftigt sich mit dem Übersinnlichen. Also mit dem, was neben dem Normalen existiert oder existieren soll, vorausgesetzt, man glaubt an so was.«

»Na also, so blöd bin ich doch gar nicht.«
»Tut die Beule weh?«
»Es brennt, aber ich halt's aus.«
»Als ob du nich schon genug Schmerzen hättst«, meinte Schwester Gabi.
»Das können Sie laut sagen«, entgegnete ich.
Nachdem die beiden mich mit allem Notwendigen versorgt hatten, bestehend aus Kühlpackung, meinem intravenösen Mittagessen, guten Ratschlägen und einer Schnabeltasse mit Wasser, konzentrierte ich mich erneut auf den Fernseher. Ich bekam nun wieder etwas zu trinken. Zwar nur ein wenig Wasser ohne Kohlensäure, aber das war besser als gar nichts.
Nun konnte ich das Buch, in dem auf jeder zweiten Seite das Wort Limo vorkam, ohne Probleme lesen.
Ich schaute mir die Beule auf meinem Handrücken an. Sie ging langsam, aber sicher zurück.
Doch es dauerte nicht lange, da entstand auf dem anderen Handrücken die gleiche Beule. Der Tropf lief wieder daneben.
Ich läutete sofort, und Schwester Gabi sah sich die Bescherung an. Die Infusion wurde in meine zerstochene linke Ellenbeuge gelegt. Die Piekserei machte mir nichts mehr aus. Verglichen mit den anderen Schmerzen, war so ein Nadelpieks wirklich ein Witz. Früher hatte ich immer eine entsetzliche Angst vor Spritzen oder Blutabnahmen gehabt. Diese Angst konnte ich jetzt nicht mehr verstehen. Als meine Eltern am späten Nachmittag kamen, lag ich mit zwei Kühlpackungen auf den Handrücken still in meinem Bett.
»Was ist das denn?« fragte meine Mutter und deutete auf meine Hände.
»Och, da ist nur die Infusion para gelaufen«, antwortete ich altklug.

»Para?«
»Das heißt daneben«, klärte ich die arme Unwissende auf. Ich schüttelte beide Beutel von den Händen und zeigte ihr die Beulen, als wären sie die wertvollsten Edelsteine der Welt.
»Ach du liebe Güte!«
»Reg dich nicht auf, ist halb so schlimm.«
»Was sagst du zum Fernseher?« fragte mein Vater.
»Das war 'ne Superidee. Jetzt ist mir nicht mehr so langweilig. Nur die Schwestern haben sich beschwert, weil ich dauernd klingle, damit sie das Programm wechseln.«
Beide lachten.
»Du hältst sie ganz schön in Trab, was?«
Meine Eltern erzählten mir die neuesten Storys aus der Nachbarschaft und bemühten sich zu verbergen, wie besorgt sie um mich waren.

Abends lief die Infusion, die in meiner linken Ellenbeuge angebracht war, wieder daneben. Diesmal merkte ich es früher, und deshalb entstand bloß eine leichte Schwellung. Doktor Nicolai blieb jetzt nur noch die rechte Ellenbeuge zum Anlegen des Tropfes.
»Das ist aber auch ein Mist«, schimpfte er.
»Nun habe ich schon drei Beulen.«
»Da müssen wir uns unbedingt was einfallen lassen.«
»Wenn ich keine Infusion mehr kriege, muß ich wohl leider verhungern, oder?«
»Das werde ich zu verhindern wissen.«

Was er damit meinte, wurde mir bei der Visite am nächsten Tag klar. Ich hatte an diesem Tag keine Narkose bekommen. Ich wunderte mich zwar darüber, rührte mich jedoch nicht, denn so scharf war ich nun auch wieder nicht auf diesen künstlichen Schönheitsschlaf, wie Onkel Otto es nannte. Bei der Visite erklärte Doktor Nicolai mir, daß meine Venen verstopft seien. Womit auch immer, sie waren dicht.

»Und was wollen Sie mir damit verklickern?« fragte ich ihn.
»Daß wir sie mit einer klitzekleinen Operation wieder frei machen.«
»Ach was? Nur mal eben so eine kleine Operation?« fragte ich.
»Ja, das machen wir heute, kurz vor der Kaffeezeit.«
»Wie nett. Mit Narkose?«
»Nein, wir werden nur örtlich betäuben.«
»Dann kann ich ja zugucken.«
»Das ist keine gute Idee.«
»Warum nicht?«
»Frag nicht soviel.«

Am Nachmittag wurde ich in den Gipsraum gefahren. Heute war Samstag, und auf den Gängen herrschte gähnende Leere, denn samstags gab es keine Besuchszeit.
Im Gipsraum ging es ebenfalls locker zu. Ein junger OP-Pfleger unterhielt sich mit Doktor Nicolai. Sie lachten gerade über irgendeinen Witz, als ich hereingefahren wurde.
»Was gibt's zu lachen?« fragte ich interessiert.
»Nichts für dich«, antwortete Doktor Nicolai.
»Wie? Sie erzählen sich schmutzige Witze?« fragte ich mit gespieltem Entsetzen.
Die ahnten nicht, wie viele ich davon kannte.
»Schmutzige Witze? Wir? Niemals!« beteuerte der Doktor.
»Wo soll denn geschnippelt werden?« wollte ich wissen.
»In der linken Ellenbeuge.«
»Wie praktisch, da hab ich noch keine Narbe.«

»Was sollen wir bloß mit dir machen, damit du endlich mal deine Klappe hältst?« fragte Doktor Nicolai lachend.
»Hast du denn keine Angst?« Der Pfleger sah mich verwundert an.
»Die hab ich mir abgewöhnen müssen«, log ich.
Natürlich hatte ich Angst. Aber ich wollte mir eher die Zunge abbeißen, als denen das zu sagen. Also markierte ich die Mutige.
Der Pfleger machte meinen linken Arm frei und sprühte ein Desinfektionsmittel auf die Ellenbeuge. Dann schob er ein kleines Tischchen mit silbern glänzendem Operationsbesteck neben das Bett. Doktor Nicolai setzte sich auf einen Hocker an meine linke Seite, der Pfleger ging zur rechten Seite meines Bettes.
»Nun schau immer zu mir, nicht auf den Arm«, bat er mich.
»Die ganze Zeit? So schön sind Sie nun auch nicht«, versuchte ich ihn zu ärgern, denn die Wahrheit war, daß er sehr gut aussah, und das wußte er auch.
»Mein Gott, Mädchen, was bist du manchmal für ein Biest!« kam es von der linken Seite her.
Dann piekste es. Zunächst konnte ich es aushalten, nicht hinzusehen, doch nachdem es eine ganze Weile still war und ich nichts fühlte, wurde ich neugierig.
Ich wollte gerade meinen Kopf zur linken Seite drehen, als der Pfleger anfing, Grimassen zu schneiden. Er machte das sehr gut, und ich mußte lachen. Dann erzählte er mir Witze. Das hielt mich für eine Weile bei der Stange, doch auch dem besten Witzbold bleiben irgendwann die Ideen aus. Ich wollte wieder hinsehen, da betrat der Oberarzt den Raum.
»Na, was geht denn hier vor? Ich hörte lautes Lachen.«
»Ich soll mir die Operation nicht ansehen, deshalb werde ich mit Witzen abgelenkt«, beantwortete ich seine Frage,

denn ich bemerkte, daß dem netten Pfleger die Situation nicht ganz geheuer war.

»Eine sehr ungewöhnliche Methode, aber gut«, meinte der Oberarzt.

Er stellte sich neben den netten Pfleger und schaute auf die andere Seite. Dann sah er mich an und fragte, was ich später für einen Beruf erlernen wolle.

»Das weiß ich noch nicht«, gab ich zu.

»Willst du Abitur machen und studieren?« fragte er.

»O nein, dazu bin ich zu doof«, lautete meine spontane Antwort.

»Sag das nicht! Ich habe gehört, daß du sehr schlagfertig sein sollst. Daß du doof bist, glaube ich ganz bestimmt nicht.«

»Danke schön.«

Dann ging er auf die andere Seite und schaute sich die Vene an, vermutete ich, denn er sagte irgendwas in Medizinersprache zu Doktor Nicolai, was ich nicht verstand.

»Dann mache ich jetzt wieder zu«, meinte der Doktor.

»Was nicht geht, geht nicht«, erwiderte der Oberarzt.

»Hat es nicht geklappt?« wollte ich wissen.

»Nein«, antwortete Doktor Nicolai kurz.

»Und jetzt?«

»Nerv mich nicht!«

Ich entschloß mich, lieber den Mund zu halten und ihn fertig operieren zu lassen. In dieser Stimmung war mit ihm nicht zu spaßen.

Nachdem die Ellenbeuge verpflastert war, verabschiedete ich mich von dem Pfleger. Zwei Schwesternschülerinnen brachten mich zur Station zurück.

Nach einer Weile erschien Doktor Nicolai in meinem Zimmer. »Gute Nachrichten. Die Operation hat nicht geklappt...«

»Was ist daran gut?«
»Laß mich doch mal ausreden! Du kriegst ab heute erst mal keine Infusionen mehr. Dafür darfst du wieder was essen. Du bekommst eiweißreiche Kost.«
»Ich hab aber gar keinen Hunger. Wenn ich nur an Essen denke, wird mir schon schlecht.«
»Dein Magen ist wahrscheinlich zusammengeschrumpft, weil du so lange nichts zu futtern gekriegt hast. Deshalb mußt du das Essen erst wieder lernen.«
»Was ist eiweißreiche Kost?«
»Quark, Joghurt, Fisch, Kefir, so was in der Art.«
»Quark? Bäh! Schönen Dank auch.«
»Ich dachte, du freust dich, wieder was in den Bauch zu bekommen.«
»Ich werd's versuchen.«
»Aber es gibt noch eine Neuigkeit. Du erhältst keine Narkose mehr, vorläufig jedenfalls.«
»Das ist wirklich eine gute Neuigkeit.«
»So gut ist sie gar nicht.«
»Warum?«
»Weil du die Narkosen nicht mehr vertragen hast.«
»Das habe ich schon bemerkt«, erwiderte ich und deutete auf meine Striemen im Gesicht.
»Ach so«, sagte Doktor Nicolai verlegen.
»Hab ich das Ihnen zu verdanken?« fragte ich.
»Ich schwöre, ich war's nicht«, antwortete er grinsend.
»Ist schon gut. War wohl nötig«, meinte ich verständnisvoll.
»Du mußt dich jetzt erst von den Narkosen erholen, bevor wir wieder damit anfangen können. Es ist also nur eine kleine Pause. Nichts weiter.«
»Wenigstens etwas.«

Zu meiner großen Überraschung wurde sogar der Katheter entfernt. Das mußte heute mein Glückstag sein. Keine Infusion mehr, keine Narkose mehr, kein Katheter mehr – ich schien fast schon wieder ein normaler Mensch zu sein. Bis auf die Tatsache, daß ich keine Haut mehr an meinem rechten Oberschenkel hatte.

Was war wohl aus der Haut und dem Fettgewebe geworden? Ich entschloß mich, bei der nächsten Gelegenheit nachzufragen.

Gerade in diesem Moment betrat Onkel Otto mit einem Tablett das Zimmer.

»Gut, daß du kommst. Ich muß dich was fragen!« platzte ich heraus.

»Frag, mein Kind.«

»Was ist eigentlich aus meinem Fettgewebe geworden? Das war doch 'ne ganze Menge.«

»Daraus haben wir eine Blutsuppe gekocht«, antwortete er trocken.

»Du spinnst!«

»Doch, ehrlich. Das Krankenhaus muß sparen. Wir nehmen alles, was wir umsonst kriegen können.«

»Also wirklich, das ist das Ekelhafteste, was ich je gehört habe! Und jetzt willst du mir sicher erzählen, daß ihr diese Blutsuppe eingefroren habt und ich sie nun zu essen bekomme, was?«

»Genau das wollte ich sagen.«

»Wart nur ab, bis ich wieder laufen kann, dann jage ich dich für diese Lüge dreimal ums Krankenhaus«, drohte ich.

Onkel Otto lachte, gab mir aber keine Antwort auf meine ursprüngliche Frage.

»Du kriegst heute was zu naschen«, sagte er statt dessen und zeigte auf eine kleine weiße Schüssel.

»Ja? Was gibt's denn?«
»Milchsuppe.«
»Ich hasse Milchsuppe.«
»Zwei Löffel wirst du schon runterkriegen.«
»Laß mal sehen.«
Er setzte das Tablett auf meinem Schoß ab und hob das Kopfteil meines Bettes vorsichtig an, bis ich halb saß und halb lag. Höher durfte es nicht gestellt werden, sonst bekam ich höllische Schmerzen.
Onkel Otto nahm den Deckel von dem Schälchen.
»Laß mich erst mal riechen«, bat ich ihn skeptisch.
Er hielt mir die Schüssel unter die Nase. Mein Magen zog sich zusammen.
»Igitt!« rief ich und rümpfte die Nase.
»Also los! Mund auf, Augen zu!« befahl er.
Er schob mir einen Löffel von dem süßen nahrhaften Zeug in den Mund. Ich schluckte. Kaum hatte es meinen Magen erreicht, mußte ich würgen. Ich war das Essen einfach nicht mehr gewohnt.
»Los, noch einen! Und dann drin behalten.«
Onkel Otto hatte scheinbar Erfahrung mit Leuten, die fast drei Wochen künstlich ernährt worden waren.
Ich schluckte den zweiten Löffel Suppe herunter. Danach winkte ich ab. Mehr ging einfach nicht.
Onkel Otto machte keine Versuche, mich weiter mit der Milchsuppe zu quälen.
»Aller Anfang ist schwer. Nächstesmal geht's sicher besser«, sagte er verständnisvoll.
Ich nickte.
Nachdem er das Zimmer verlassen hatte, wurde mir so übel, daß ich mir die Nierenschale schnappen mußte, um nicht auf meine Bettdecke zu brechen.
Ich klingelte. Onkel Otto kam.

»Das war wohl nichts«, sagte ich traurig und deutete auf den Inhalt der Brechschale.
»Hab ich mir schon gedacht. Mach dir nichts draus. Das ist oft so, wenn der Patient lange nichts gegessen hat. Der Magen muß sich erst wieder an Nahrung gewöhnen. Morgen versuchen wir's mit Gemüsebrühe.«
»Tut mir leid«, entschuldigte ich mich.
Er hatte sich solche Mühe gegeben, mir das Zeug einzuverleiben. Und nun das.
»Schon gut, mein Kind.«
Er nahm mir die Schale ab, um sie zu säubern, und stellte mir sofort eine neue hin.
Den Abend verbrachte ich mit Fernsehen und Lesen. Ich war recht zufrieden mit dem Tag. Irgendwie hatte ich das Gefühl, daß es aufwärts ging.
Am nächsten Tag wurde mir zum Frühstück wieder Milchsuppe serviert. Diesmal versuchte Schwester Evi ihr Glück.
»Das ist aber nicht nett, mir die Milchsuppe von gestern vorzusetzen«, beschwere ich mich.
»Das ist nicht die von gestern. Diese hier ist ganz frisch.«
»Wo ist da der Unterschied?«
»Probier doch mal«, sagte Schwester Evi.
»Nein, gestern hab ich alles wieder von mir gegeben.«
»Meine kleine Tochter ißt diese Suppe gerne.«
»Aber ich nicht!«
»Komm! Nur einen Löffel. Bitte!«
»Nein!«
»Tu mir doch den Gefallen.«
»Nein, bei aller Liebe. Ich krieg's nicht runter.«
»Was machen wir denn da?«
»Ich hab einfach keinen Hunger.«
»Und wenn ich was anderes besorge?«
»Was denn?«

»Erdbeerquark.«
»Okay, probieren wir's.«
Sie lief los und holte eine Schüssel Erdbeerquark. Dann setzte sie sich wieder auf die Bettkante und fütterte mich damit. Nach drei Löffelchen war ich satt.
»Mehr nicht. Ich bin satt«, erklärte ich.
»Was? Nach dem bißchen?«
»Ja, aber der Quark schmeckte wesentlich besser.«
»Wenigstens etwas. Hoffentlich bleibt er drin.«
»Ich schätze, wenn nicht, werden Sie es als erste erfahren«, scherzte ich.
»Ich stell die Schüssel hier hin. Du kannst ruhig noch was davon essen, wenn du möchtest«, sagte Schwester Evi und ließ mich mit dem Quark allein.
Als sie mit dem Mittagessen wiederkam, hatte ich den Quark schon ganz vergessen.
»Mittagessen!« rief sie fröhlich.
»Darf ich raten, was es gibt?« fragte ich.
»Was wohl?«
»Suppe!« riefen wir beide zusammen und lachten.
Diesmal brachte sie mir eine Gemüsebrühe, in der nicht das kleinste Stückchen Gemüse schwamm.
Sie fütterte mich geduldig.
»Los! Einen Löffel für deine Eltern.«
Ich mußte grinsen, weil sie mich fütterte wie ein Kleinkind, doch das Löffelspiel gefiel mir.
»Einen Löffel für mich.«
Ich schluckte den zweiten Löffel Suppe runter.
»Einen Löffel für Onkel Otto.«
Ich schluckte.
»Einen Löffel für Schwester Julia.«
»Okay!«
»Einen Löffel für Schwester Lena.«

»Gut, Schwester Lena noch, aber dann ist Feierabend.«
»Komm, einen noch für Doktor Nicolai.«
Das konnte ich nicht abschlagen. Das wäre wirklich undankbar gewesen. Also aß ich noch einen Löffel Suppe.
»Jetzt ist aber Schluß. Mehr geht nicht. Ehrlich!« flehte ich sie an, sonst hätte sie vermutlich die gesamte Belegschaft aufgeführt.
»Na gut. Das war doch schon ganz akzeptabel«, lobte sie mich.
»Freut mich«, sagte ich, denn ich hatte sowieso nur gegessen, um der Schwester einen Gefallen zu tun.
Sie nahm den Rest der Brühe und den Quark und ging.

Nachmittags besuchten mich meine Eltern. Sie brachten Susann mit, worüber ich mich sehr freute.
Als Susann mich sah, wurde sie blaß.
»Hallo, Susann, ich hab dein Buch schon ausgelesen.«
»Hallo, Margit. Hat's dir gefallen?«
»Und wie!«
Ich erzählte ihr kurz die Geschichte mit der Limo und dachte, sie müsse darüber lachen, doch sie wurde ganz traurig.
»Dir geht's nich gut, nich?« fragte sie leise.
»Och, es ist nicht so schlimm, wie es aussieht«, log ich.
Plötzlich fing sie an zu weinen.
»Das tut mir alles so leid, daß dir so was passiert ist«, sagte sie heulend.
»Sei doch nicht traurig, die kriegen mich schon wieder hin«, versuchte ich sie zu trösten.
»Du bist so dünn geworden. Du siehst ganz anders aus.«
»Ich hab ja auch eine Radikaldiät gemacht. Drei Wochen Nulldiät. Jetzt bin ich endlich schlank.«
Ich mußte über meinen Galgenhumor lachen, und Susann fing auch an zu grinsen.

»Nimm's nicht so tragisch. Ich bin zäh, das weißt du doch.«
Sie nickte. Langsam erholte sie sich von ihrem ersten Schrecken. Ich sah mich jeden Morgen im Spiegel, und mir war auch schon aufgefallen, daß mein Gesicht schmaler und blasser als sonst war. Für jemanden, der mich fast drei Wochen nicht gesehen hatte, mußte ich ziemlich krank ausschauen. Arme Susann.
»He, wo ist denn dein Infusionsständer?« wollte Mutti wissen.
»Das ist eine von den drei guten Neuigkeiten«, machte ich es spannend.
»Gleich drei gute Neuigkeiten?« fragte Papa.
»Ja, die erste ist, daß ich keine Infusionen mehr kriege, die zweite ist, daß ich erst mal keine Narkosen mehr kriege, und die dritte ist, daß der Katheter weg ist. Super, was?«
»Wieso das denn?« fragte meine Mutter erstaunt.
»Die Narkosen habe ich nicht mehr vertragen. Das mit dem Katheter weiß ich auch nicht, und die Infusionen kriege ich nicht mehr, weil meine Venen streiken. Ich wurde gestern sogar operiert. Hier in der Ellenbeuge.«
Ich zeigte ihnen den Verband am linken Arm.
»Operiert?« fragte Susann ungläubig.
»Ja, das war ganz lustig. Ein Pfleger hat mir währenddessen Witze erzählt.«
»Witze?« Susann sah mich völlig verständnislos an.
»Hier drin ist alles etwas anders, weißt du. Hier mußt du versuchen, alles mit Humor zu nehmen, sonst drehst du durch«, erklärte ich ihr.
»Und was sollte die Operation?« fragte mein Vater.
»Sie wollten die Vene frei machen, aber das hat nicht geklappt. Jetzt soll ich wieder essen.«
»Das ist doch toll!« rief meine Mutter begeistert aus.

»Das denkst du. Ich krieg aber nichts runter. Schon wenn ich was zu essen sehe, wird mir schlecht.«
»Ach, das gibt sich wieder. Wir bringen dir morgen was Leckeres mit, wenn wir dürfen.«
»Frag lieber erst Doktor Nicolai. Der hat mich nämlich zu Gemüsebrühe und Quark verdonnert.«
»Vielleicht kann meine Mutter dir ein paar Püfferchen backen, die hast du doch immer so gerne gegessen«, meinte Susann nachdenklich.
Das stimmte allerdings, Frau Schröders Püfferchen waren allergrößte Klasse. Aber im Moment konnte man mich sogar damit nicht begeistern.
»Vielleicht später. Jetzt darf ich die bestimmt noch nicht essen.«
»Du brauchst nur was zu sagen, dann macht sie welche für dich«, versprach Susann.
Wir unterhielten uns noch ein Weilchen. Ich versuchte aus Rücksicht auf Susann nichts von Schmerzen und anderen schrecklichen Sachen zu sagen. Sie hätte nur wieder geweint, und es wäre so traurig geworden.
Die Geschichte mit der Blutsuppe fanden die drei sehr makaber.
»Wir müssen jetzt los«, sagte mein Vater. »Wir haben Frau Schröder versprochen, Susann spätestens um sechs Uhr wieder abzuliefern.«
»Schade«, meinte Susann.
Mein Zustand schien ihr jetzt nichts mehr auszumachen. Alles reine Gewohnheitssache.
»Ist es schon wieder so spät?« fragte ich.
Wenn ich Besuch hatte, verging die Zeit immer doppelt so schnell.
»Bis morgen, Margit«, verabschiedete sich meine Mutter und gab mir ein Küßchen.

»Tschüs, Margit, und gute Besserung. Das soll ich dir von meiner ganzen Familie sagen. Ich komme bald wieder, wenn ich darf«, versprach Susann.
»Okay, und grüß deine Familie von mir, vor allem Thommy, ja?«
»Mach ich.«
»Wiedersehen, Margit. Halt die Ohren steif!« verabschiedete sich Papa mit seinem üblichen Spruch.
»Tschüs!« rief ich ihnen nach.
Das Gespräch hatte mich ziemlich angestrengt. Jetzt verstand ich, warum ich nicht viel Besuch bekommen durfte. Wenn der Besuch trauriger war als ich und ich ihn trösten mußte, dann war das anstrengend. Aber ich hatte mich sehr gefreut, Susann zu sehen; das war es wirklich wert gewesen.

Abends drückte mich zum erstenmal seit Wochen die Blase. Ich klingelte. Schwester Julia kam und fragte, was es gäbe.
»Ich glaube, ich muß mal.«
»Ich hol dir das Töpfchen, einen Moment.«
Sie griff unter das Bett und zog eine Bettpfanne, wie das Ding genannt wurde, hervor. Ich stützte mich auf, und sie schob das Töpfchen unter mein Gesäß.
»Du mußt ganz vorsichtig pieseln, damit der Verband nichts abkriegt, ja?«
»Vorsichtig pieseln? Ich hab keine Ahnung, wie man das macht«, entgegnete ich.
Sie lachte und verließ den Raum.
Der Topf drückte entsetzlich gegen mein verletztes Bein. Ich konnte mich vor Schmerzen nicht aufs Pieseln konzentrieren. Nach einer Ewigkeit hatte ich es dann endlich geschafft. Ich klingelte abermals.
»Na, Erfolg gehabt?« fragte Schwester Julia.
»Ja, aber der Pott tut mir weh.«

»Das glaub ich.«
»Langsam wünsche ich mir den Katheter zurück«, sagte ich traurig.
»Kann ich noch was für dich tun?« fragte Schwester Julia.
»Nur den Fernseher anmachen.«
»Welches Programm?«
»Weiß nicht. Läuft heute kein Krimi?«
»Doch, ich glaube, es kommt ein *Tatort*. Wär das was?«
»Klar, *Tatort* ist eine meiner Lieblingssendungen.«
Sie schaltete den Kasten ein und verließ das Zimmer mit dem Töpfchen.

Der nächste Tag fing wieder mit Erdbeerquark an. Ich kriegte nichts runter. Schwester Evi verzweifelte fast bei ihren Versuchen, mich zu füttern. Nicht einmal das Löffelspiel konnte mich reizen.
»Was soll ich dir denn bringen? Du bekommst alles, was du möchtest«, sagte sie.
»Ich hab auf gar nichts Hunger. Ich mag einfach nichts essen.«
»Was ist denn deine Lieblingsspeise?«
»Fischstäbchen mit Kartoffelsalat«, antwortete ich, ohne nachzudenken.
»Ich will versuchen, daß du das heute mittag bekommst.«
»Ich weiß nicht. Ich kann nicht versprechen, daß ich davon was runterkriege.«
»Probieren können wir's ja mal.«
»Ach, da Sie gerade hier sind, ich müßte mal auf den Topf.«
»Ja, klar. Ich helf dir.«
Nachdem ich es mir auf dem Töpfchen »unbequem« gemacht hatte, ging die Schwester.
Diesmal klappte das Pieseln schon schneller, doch ich traf das Gefäß nicht richtig, und einiges lief daneben. Das war

mir entsetzlich peinlich und bedeutete zusätzliche Arbeit für die Schwestern, die nun das Laken wechseln mußten.
Ich klingelte, und Schwester Julia kam.
Ich versuchte es auf die lustige Tour, damit die Schwester nicht böse wurde.
»Hallo, Schwester Julia. Schlechte Nachrichten. Ich hab para gepieselt.«
»Du hast was???«
»Ich hab para gepieselt«, wiederholte ich.
Als sie die Bescherung sah, fing sie schallend an zu lachen.
»Du hast daneben gepieselt!« rief sie und konnte nicht aufhören zu lachen.
»Sag ich doch.«
Ich war natürlich erfreut, daß sie nicht schimpfte.
»So hat das noch keiner ausgedrückt«, gluckste sie.
»Ich hab eben was dazugelernt.«
Sie verschwand mit dem Topf und kam mit Schwester Evi zurück, die ebenfalls lauthals lachte.
»Para gepieselt?« fragte Schwester Evi.
»So isses«, antwortete ich.
»Das hab ich ja noch nie gehört!«
Die beiden Krankenschwestern lachten immer noch, als sie geschickt das Bettlaken wechselten.
»Ich schätze, der Gag wird sich bis zur Mittagszeit auf der ganzen Station rumgesprochen haben«, sagte ich.
»Da kannst du Gift drauf nehmen«, meinte Schwester Evi.
»Macht euch ruhig auf meine Kosten lustig«, erwiderte ich und tat so, als ob ich beleidigt wäre.
Schwester Julia strich mir mit der Hand über den Kopf.
»Och, du arme Kranke«, sagte sie und lachte schon wieder.
Doch der Tag ging nicht so lustig weiter, wie er begonnen hatte. Am späten Vormittag brachten mich Schwester Julia und Schwester Gabi in den Gipsraum. Sie redeten nicht

viel, und es war nichts aus ihnen herauszukriegen, was mit mir passieren sollte.

Im Gipsraum erwarteten mich zwei Pfleger, drei Schwestern und zwei Ärzte.

Den einen Arzt kannte ich. Es war Doktor Schäfer, den ich in Gedanken immer noch den »Möbelpacker« nannte. Den anderen Arzt hatte ich noch nie gesehen.

»Was soll ich hier?« fragte ich eine der Schwestern.

»Der Verband muß gewechselt werden«, antwortete sie.

»Ich soll doch keine Narkose mehr kriegen! Das hat Doktor Nicolai extra gesagt!« protestierte ich.

Die Schwester erwiderte nichts; in diesem Moment ahnte ich, was auf mich zukommen würde.

»Soll das heißen, daß Sie mich ohne Narkose verbinden wollen?«

»Anders geht es leider nicht«, sagte der Möbelpacker mitfühlend.

Ich erinnerte mich an eine Verletzung, die viele Jahre zurücklag. Ich war höchstens fünf Jahre alt und hatte mich am Schienbein verbrannt. Wie das passiert war, wußte ich nicht mehr. Meine Mutter verband die winzige verbrannte Stelle mit einem sterilen Mulltuch.

Nach ein paar Tagen wollte sie den Verband wechseln, doch die Wunde hatte genäßt, und der Verband klebte fest. Deshalb tat es sehr weh, als sie versuchte, ihn herunterzuziehen. Ich schrie und weinte vor Schmerzen und vor allem, weil ich Angst hatte.

Schließlich mußte mein Vater das Mulltuch mit Wasser befeuchten, um es schmerzfrei von der Wunde zu entfernen. Die Prozedur dauerte eine halbe Stunde und blieb mir immer als schreckliches Erlebnis im Gedächtnis.

Nun wurde ich von Entsetzen gepackt. Die verbrannte Stelle von damals war ungefähr so groß wie mein Daumen-

nagel, und jetzt wollten die Ärzte mir den Verband von einer Fläche entfernen, die siebzig Prozent meines gesamten Beines ausmachte.
Das sollte ich ohne Narkose aushalten. Mir wurde schlecht. Die Liegefläche meines Bettes wurde schräg nach unten gestellt. Ein Pfleger hob mein Bein am Unterschenkel an. Ein anderer Pfleger stützte es weiter oben ab. Das Bein lag nun wieder in waagerechter Position. Der Doktor, den ich nicht kannte, setzte sich auf einen Hocker neben das gestützte Bein. An seiner linken Seite stand ein Tischchen mit Verbandsmaterial und einer Sprühflasche, die einen geknickten dünnen Hals hatte. Auf dem Etikett der Flasche stand die chemische Abkürzung für Kochsalzlösung. Inzwischen kannte ich einige medizinische Hilfsmittel recht gut.
Eine Schwester stellte sich mit einem großen Tuch vor mich, so daß ich mein Bein nicht sehen konnte.
»Es ist besser, wenn du nicht siehst, wie dein Bein ausschaut«, sagte sie freundlich.
Über das Tuch hinweg erblickte ich die besorgten Gesichter der Krankenpfleger.
»Es wird weh tun«, sagte ich leise.
»Ja«, erwiderte die Schwester, die früher schon beim Wechseln des Verbands dabei war.
»Hier, nimm meine Hand, und drück sie so fest du kannst«, sagte sie zu mir. Die Schwester stand neben meinem Kopf an der linken Seite vom Bett.
Der Doktor begann mit dem Wechseln. Zunächst hörte ich nur das Geräusch einer Schere. Er schnitt vermutlich die oberen Verbandsschichten ab. Dabei fühlte ich gar nichts. Dann merkte ich, daß mein rechter Oberschenkel kalt und naß wurde. Der Arzt weichte jetzt die untere Verbandsschicht ein, die direkt auf dem rohen Fleisch klebte. Was

danach geschah, war so grauenvoll, daß mir die Luft wegblieb. Der Schmerz, der mich durchfuhr, legte sich wie eine eiserne Klammer um mein Herz und versuchte es zu zerquetschen. Der Doktor begann den Verband abzuziehen. Ich bäumte mich auf, wurde aber von einem Pfleger festgehalten. Ich drückte die Hand der Schwester, die mit ruhiger Stimme auf mich einredete. Ich schrie. Es fühlte sich an, als zöge mir jemand die Haut bei lebendigem Leibe ab. In diesem Moment sah ich überhaupt nichts. Ich fühlte nur noch, und was ich fühlte, brachte mich an den Rand des Wahnsinns.

Wie lange wollten die mich noch quälen? Jede Sekunde, jeder Atemzug schien eine Ewigkeit zu dauern.

»Durchhalten, Margit! Es ist gleich vorbei. Schrei so laut du kannst«, versuchte mir die Schwester Mut zu machen, »drück meine Hand ganz fest. Noch fester! So doll du kannst!«

Ich schrie ununterbrochen. Die Schreie hörten sich nicht nach mir selbst an, ich hatte gar nicht gewußt, daß ich solche schrillen lauten Töne hervorbringen konnte. Dann endlich war es vorbei. Ich atmete schwer, und Tränen liefen mir übers Gesicht.

Jetzt spürte ich einen leichten Druck auf meinem Bein. Die neuen Verbandsschichten wurden aufgelegt.

»Das hast du ganz tapfer durchgehalten«, sagte die nette Schwester neben mir.

»Meinen Sie?« fragte ich ungläubig, weil ich mir absolut nicht tapfer vorkam nach den Opernarien, die ich herausgeschrien hatte.

»So mancher erwachsene Mann wäre dabei ohnmächtig geworden, das kannst du mir glauben. Du warst sehr tapfer.«

»Es war schrecklich.«

»Ja, Margit, ich weiß.«

Der Doktor atmete tief durch, als er sein Werk vollbracht hatte. Er stand auf, und ich sah, daß seine Kleidung durchgeschwitzt war. Er wischte sich mit dem Handrücken den Schweiß von der Stirn.
»Du hast gut durchgehalten«, lobte er mich.
»Eher durchgeschrien«, verbesserte ich ihn.
»Das ist nur zu verständlich«, meinte er.

Als ich wieder in meinem Zimmer war, setzte sich Schwester Julia neben mein Bett und las mir aus einem Buch vor. Ich konnte mich nicht auf die Geschichte konzentrieren. Vor ein paar Minuten war ich durch die Hölle gegangen. Alles, was jetzt noch in meinem Leben auf mich zukommt, kann nicht schlimmer werden, dachte ich. Mehr werde ich auch nicht ertragen können.

Gegen vierzehn Uhr klopfte es an der Tür, und Schwester Evi trat mit einem Tablett ein.
»Ich hab's geschafft. Zwar konnte ich keine Fischstäbchen auftreiben, aber ein Fischfilet. Dazu gibt es Kartoffelsalat. Was sagst du jetzt?«
»Mir ist nicht nach Essen zumute.«
»Das ist alles?«
»Wissen Sie nicht, was heute morgen gewesen ist?«
»Doch, ich habe gehört, daß du die Prozedur sehr tapfer durchgestanden hast. Ein Grund mehr, dich jetzt mit deinem Lieblingsessen zu belohnen.«
Schwester Evi stellte das Tablett auf die Eßfläche des Nachttischs und drehte ihn so herum, daß das Tablett direkt vor mir stand. Dann hob sie den Deckel vom Teller, und darauf lag eine Riesenportion Kartoffelsalat mit Fisch.
»Sie glauben doch wohl nicht, daß ich das alles aufesse, oder?« fragte ich sie entgeistert.

»Vielleicht die Hälfte?« fragte sie zurück.
»Selbst die Hälfte würde noch für eine dreiköpfige Familie reichen.«
»Komm, probier mal!«
»Sie haben es wieder viel zu gut mit mir gemeint.«
Ich nahm die Gabel und probierte den Kartoffelsalat, dann ein Stückchen Fischfilet. Ich kaute lange darauf herum. Irgendwie kriegte ich es nicht runter, obwohl es sehr gut schmeckte.
»Ich kann nicht.«
»Du mußt aber essen!«
Schwester Evi gab nicht auf und blieb so lange neben mir sitzen, bis das Filet kalt war. Viel hatte ich nicht geschafft. Die Schwester machte sich Sorgen.
»Was soll ich bloß machen?« fragte sie.
»Gar nichts.«
»Hast du nicht Lust auf ein Eis?«
Sie verstand mein Problem nicht. Ich wollte ja essen, aber ich hatte keinen Hunger.
»Ich hol dir schnell ein Eis vom Kiosk.«
»Gut, aber nur ein kleines«, sagte ich, weil ich sie nicht enttäuschen wollte.
Sie trug das Tablett aus dem Zimmer und kam mit einem Vanilleeis zurück. Das Eis war mit eine Erdbeercreme gefüllt und mit Vollmilchschokolade überzogen. Ich zwang mich, soviel wie möglich davon zu essen. Mir fiel ein, daß sie es aus eigener Tasche bezahlt hatte.
»Ich gebe Ihnen das Geld gleich wieder«, sagte ich.
»Laß nur, ich schenk's dir«, meinte sie.
»Das geht aber wirklich nicht! Sie haben solche Mühe mit mir, und jetzt bezahlen Sie auch noch mein Eis.«
»Ist schon gut. Hauptsache, es schmeckt.«

»Vielen Dank!«
Ich hatte es fast geschafft, und Schwester Evi strahlte. Sie ahnte nicht, daß sich mein Magen so voll anfühlte, als hätte ich ein halbes Schwein gegessen.
Die Schwester verließ glücklich das Zimmer, und ich versuchte alles drin zu behalten.

Kurze Zeit später kam Doktor Nicolai.
»Hallo! Ich wollte mal sehen, wie's dir geht«, begrüßte er mich.
»Wo waren Sie denn heute morgen?« fragte ich ihn vorwurfsvoll.
»Ich hatte frei. Was dagegen?«
»Nein, aber ich dachte, Sie hätten sich absichtlich aus dem Staub gemacht, weil Sie sich an dem Drama nicht beteiligen wollten.«
»Das muß entsetzlich gewesen sein.«
»Allerdings!«
»Man hat mir schon alles erzählt. Du hast es toll durchgestanden.«
»Das sagen alle, aber ich habe nicht die Absicht, das noch einmal zu erleben.«
»Kann ich verstehen. Schwester Evi berichtete, daß du sogar was gegessen hast.«
»Ein wenig Kartoffelsalat mit Fisch und ein Eis.«
»Das ist nicht gerade die Art von Schonkost, die ich dir verordnet habe. Aber gegen Quark und Brühe hast du dich ja erfolgreich gewehrt«, sagte er grinsend.
»Ich hab's mit Quark und Brühe versucht. Mein Magen hat sich dagegen gewehrt.«
»Ich glaube, du hast für alles die passende Antwort, nicht wahr?«
Ich zuckte mit den Schultern und grinste zurück.

»Wenn deine Eltern kommen, dann schick sie zu mir, ja? Ist egal, wie spät, ich bin heute lange da.«
»Wird gemacht!«

Meine Eltern brachten mir ein halbes Warenlager an Süßigkeiten mit. Mutti packte drei Tüten Kekse, Schokolade und zwei Äpfel aus.
»Daß ihr es immer so übertreiben müßt. Ich mag doch gar nichts essen.«
»Irgendwann kriegst du bestimmt Hunger, und dann bist du froh, wenn du was da hast«, meinte meine Mutter.
»Doktor Nicolai schimpfte schon, weil ich heute mittag Eis gegessen habe. Er ist immer noch für Brühe.«
»Ich leg dir die Schokolade und die Kekse erst mal in den Wandschrank, für später«, meinte Mutti, der nun doch Zweifel kamen, ob Süßigkeiten die beste Ernährung nach einem längeren Fasten waren.
Ich erzählte meinen Eltern von den Geschehnissen am Vormittag. Sie waren ganz entsetzt.
»Doktor Nicolai möchte euch heute noch sprechen.«
»Ich würde ihn auch gerne sprechen«, schimpfte mein Vater. »Ob das wohl nötig ist, dich so zu quälen!«
»Da kann Doktor Nicolai auch nichts dagegen tun«, nahm ich ihn in Schutz.
»Wenn ich an die kleine Wunde denke, als du dich verbrannt hattest, erinnerst du dich noch? Was hast du da für ein Theater gemacht, und jetzt steckst du alles so weg«, meinte er staunend.
»Komisch, daran habe ich heute auch gedacht«, sagte ich, verschwieg aber, daß ich nicht alles so wegsteckte. Die Tapfere zu spielen, war inzwischen zu meinem Hobby geworden. Was anderes wäre für meine Eltern auch nicht gut gewesen.

Mein Vater sah ohnehin sehr angegriffen aus, und meine Mutter hatte abgenommen. Ihnen ging mein Zustand verständlicherweise sehr nahe.

Gegen Abend bemerkte ich ein Rascheln in meinem Zimmer. Ich blickte zur Decke und sah zwei »Schneider«. Ich haßte diese großen Insekten mit ihren langen Beinen. Nur vor Spinnen ekelte ich mich noch mehr. Wenn ich diese beiden Insektenarten auch nur von weitem sah, flüchtete ich schreiend. Ich stellte mich augenblicklich auf Rückzug ein. Nur, momentan saß ich in der Falle. Ich konnte nicht weg. Deshalb zog ich die Bettdecke bis zu den Ohren und behielt die »Schneider« im Auge. Ich hatte Angst, den Arm auszustrecken, um auf die Klingel zu drücken.
Vielleicht kam der »Schneider« im Sturzflug auf mich zu und würde meinen Arm berühren. Ein entsetzlicher Gedanke. Nach einer Weile traute ich mich doch zu klingeln. Die Nachtschwester erschien.
»Was gibt's?« fragte Schwester Gerda.
Ich deutete vorsichtig mit einem Finger, den ich unter der Bettdecke hervorschauen ließ, auf die Insekten.
»Da sind ›Schneider‹ in meinem Zimmer«, gab ich kläglich von mir.
»Die tun dir doch nichts«, sagte Schwester Gerda und schaute mich an, als ob sie mit jemandem redete, der soeben seinen Verstand verloren hatte.
»Ich habe Angst vor ›Schneidern‹!«
»Und was soll ich deiner Meinung nach machen? Soll ich auf einen Hocker steigen und sie verscheuchen oder an der Wand zerdrücken?«
Ich nickte unter der Decke.
»Und wenn ich vom Hocker falle und mir die Beine breche?«

Sie zeigte keinerlei Verständnis für meine Angst.
»Ich kann aber nicht in einem Raum liegen, wo ›Schneider‹ rumfliegen. Ich kann auch nicht einschlafen. Stellen Sie sich mal vor, die fliegen mir ins Gesicht, wenn ich schlafe!«
Schon bei dem Gedanken bekam ich eine Gänsehaut.
»Also Margit, ich habe wirklich Wichtigeres zu tun, als hier auf Insektenjagd zu gehen. Vergiß es!«
»Dann schieben Sie mich wenigstens mit dem Bett auf den Flur. Bitte!!!«
»Nein, das tue ich ganz bestimmt nicht.«
»Können Sie denn nicht verstehen, daß ich vor solchen Viechern Angst habe? Haben Sie vor nichts Angst? Vielleicht vor Mäusen oder Schlangen?«
Sie antwortete nicht. Nach einer Weile griff sie nach einer Illustrierten und rollte sie zusammen. Dann öffnete sie die Tür und scheuchte die Insekten mit Hilfe der Zeitschrift auf den Flur. Ich verzog mich währenddessen vollständig unter die Bettdecke.
»Bist du jetzt zufrieden?« fragte sie.
»Ja! Vielen, vielen Dank!« brachte ich erleichtert hervor.
»Aber wehe, du sagst irgend jemandem einen Ton über diese Aktion. Die machen sich ja über mich lustig.«
»Ich würde mich bestimmt nicht über Sie lustig machen«, beteuerte ich.
»Los, versprich es!«
»Versprochen!«
Sie gab mir die Illustrierte wieder und wollte das Zimmer verlassen.
»Vor was haben Sie Angst? Vor Mäusen oder vor Schlangen?« hakte ich nach.
»Vor beidem«, sagte sie und verschwand schmunzelnd.

Am nächsten Morgen, nach dem Frühstück, erschien der Chefarzt mit seinem ganzen Gefolge. Er schaute sich mein Krankenblatt an und schüttelte den Kopf.
»Schwer zu entscheiden«, sagte er zu Doktor Nicolai.
»Aber es muß was getan werden«, erwiderte dieser.
»Ja, und zwar dringend«, bestätigte der Chefarzt.
»Ich werde mich mit der Spezialklinik in Verbindung setzen«, meinte der Möbelpacker.
Schwester Julia schaute betrübt aus dem Fenster. Das war ein sicheres Zeichen, daß irgend etwas Mieses auf mich zukam. Der Chefarzt fragte mich beiläufig, wie ich mich fühle.
»Es geht«, antwortete ich.
»Das ist aber ein süßer Teddybär«, meinte er.
»Er heißt Peng-Boing«, sagte ich.
»Wie???«
»Peng-Boing.«
Der Chefarzt mußte laut lachen, und die anderen Ärzte und Schwestern lachten mit.
»Warum heißt der so?« fragte Doktor Lindemann.
»Keine Ahnung!« antwortete ich und zuckte mit den Schultern.
»Bei Margit ist alles etwas verdreht«, klärte ihn Doktor Nicolai auf.
»Das glaube ich allerdings auch«, erwiderte der Chef lachend.

Am späten Vormittag ließ sich Doktor Nicolai noch einmal sehen. Er klopfte an und betrat langsam das Zimmer.
»Störe ich?« fragte er.
Das war eine sehr verdächtige Frage. Jetzt kam wieder ein Hammer. Typisches Ärztegeschwafel, wenn sie etwas Unangenehmes zu berichten hatten.

»Ich wüßte nichts, wobei Sie mich stören könnten.«
Er ging zum Fenster und schaute scheinbar interessiert zur Garage der Notaufnahme, wo sich momentan absolut nichts tat.
»Schießen Sie los! Was soll mit mir passieren? Wollen Sie mich noch einmal ohne Narkose verbinden? Oder wollen Sie mein Bein abhacken?«
»Nein, um Himmels willen! Wie kommst du auf so was?« sagte er erleichtert, weil ihm die Nachricht, die er mir mitteilen mußte, wohl als wesentlich harmloser erschien.
»Na, dann kann ich es sicher verkraften.«
»Du sollst in ein anderes Krankenhaus verlegt werden«, begann er vorsichtig.
»Warum? Mir gefällt es in diesem.«
»Aber wir können hier nicht mehr viel für dich tun. Die Wunde muß ja wieder geschlossen werden. Von selbst heilt das nicht zu.«
»Das sehe ich sogar ein, aber wie soll die Wunde denn geschlossen werden?«
»Mit einer Hautverpflanzung.«
Darüber hatte ich schon was gehört. Dabei gab ein Spender Haut ab, und die wurde dann auf größere Wunden eines anderen verpflanzt.
»Dazu brauchen Sie aber jemanden, der mir Haut spendet, oder?« fragte ich nach.
»Nein, nicht unbedingt. Meist wird die Haut eines anderen vom Körper des Verletzten nicht angenommen und wieder abgestoßen.«
»Das soll wohl heißen, daß ich selbst der Spender bin.«
»Genau.«
»Die wollen mich jetzt also völlig zerstückeln!«
»Na ja, zerstückeln werden die dich nicht, da brauchst du

keine Angst zu haben. Die entnommene Hautschicht ist nur hauchdünn. Nach dem Abheilen sieht man nichts mehr.«
»Von welchem Körperteil nehmen die mir die Haut weg?«
»Das weiß ich nicht, das müssen die Ärzte in der Spezialklinik entscheiden.«
»Und wo ist diese Klinik?«
Er zögerte mit der Antwort, und ich wußte, daß jetzt der große Haken an der Sache kam.
Er nannte eine Stadt, von der ich noch nie etwas gehört hatte.
»Wo liegt das? Wie weit weg ist das?« fragte ich.
Wieder schwieg Doktor Nicolai; er bereitete sich schon auf das vor, was nach seiner Antwort kommen würde.
»Wieviel Kilometer?« fragte ich ungeduldig.
»Ungefähr dreihundert«, antwortete er.
Ich mußte schlucken und schaute ihn ungläubig an.
»Dreihundert Kilometer von hier? Wissen Sie, was das heißt? Meine Eltern haben kein Auto, sie können mich also nicht mehr besuchen. Ich bin dann ganz allein. Das können Sie mir doch nicht antun!« schrie ich.
»Es gibt aber keine Alternative. Tut mir leid.«
»Das ist mir egal. Ich will da nicht hin. Nie im Leben.«
»Du hast keine Wahl.«
»Nein! Bitte, bitte nicht! Ich will da nicht hin.«
Ich merkte, daß mir Tränen übers Gesicht liefen. Der Doktor suchte nach einem Papiertaschentuch in meinem Nachtschränkchen und gab es mir.
»Ich kann es doch nicht ändern. Du mußt wieder gesund werden. Das willst du doch, oder?« sagte er traurig.
Ich gab ihm keine Antwort und heulte weiter in das Papiertaschentuch.
»Ich laß dich jetzt in Ruhe. Denk mal gründlich darüber

nach. Wenn du den ersten Schock überwunden hast, wirst du sehen, daß es nicht anders geht.«
»Gibt es denn keine Klinik hier in der Nähe, in der so was gemacht werden kann?« schluchzte ich.
»Leider nicht«, sagte der Doktor und verließ leise das Zimmer.
Ich weinte noch eine Weile vor mich hin. Währenddessen grübelte ich, ob es nicht doch eine andere Möglichkeit gab. Ich kam zu dem Schluß, daß ich nicht bis zum Ende meines Lebens mit dem offenen Bein hier liegen konnte. Es mußte etwas geschehen. Ich wollte wieder gesund werden, aber der Preis schien mir unendlich hoch zu sein. Was mußte ich denn noch alles auf mich nehmen? Reichte das noch nicht, was ich bis jetzt mitgemacht hatte – die Schmerzen, das Kreislaufversagen, die Narkosen, die Spritzen, die Hilflosigkeit und die Angst?
Ich mußte mit meinen Eltern sprechen. Wenn sie dafür waren, dann wollte ich es auch sein.
Nachdem ich mich gerade etwas beruhigt hatte, mußte ich plötzlich husten. Der Husten hörte gar nicht wieder auf. Mein Brustkorb schmerzte. Ich tastete nach der Klingel und drückte auf den roten Knopf.
Als Schwester Beate hereinkam, hustete ich noch immer.
»Was ist denn nun los?« fragte die Schwester.
»Weiß nicht«, antwortete ich hustend.
Langsam ließ der Husten nach.
»Ich habe Schmerzen im Brustraum«, sagte ich, während ich nach Luft japste.
»Ich hol den Doktor.«
Doktor Nicolai hörte meine Lunge mit dem Stethoskop ab.
»Einatmen.«
Ich atmete ein.
»Jetzt ausatmen.«

Ich atmete aus.
»Mal husten.«
Ich hustete. Das Spielchen wiederholte er noch ein paarmal. Dann gab er der Schwester die Anweisung, mich sofort zum Röntgen zu bringen.
»Was ist es?« fragte ich.
»Weiß ich noch nicht. Ich hoffe, daß es keine Lungenentzündung oder was Schlimmeres ist. Wir sehen uns mal deine Lunge von innen an, dann sind wir schlauer.«
»Lungenentzündung? Genau das fehlte mir noch.«

Ich wurde sofort in die Röntgenabteilung gefahren. Dort schob Schwester Beate das Bett in einen dunklen Raum, der mit technischen Geräten ausgestattet war. Ich fühlte mich wie in einem Maschinenraum; alles sah grau und ungemütlich aus. Schwester Beate kam mit einer Röntgenassistentin zurück.
»Wir müssen sie auf den Tisch legen, wenn sie nicht stehen kann«, meinte diese und schob mein Bett direkt neben den Tisch. Schwester Beate nahm mir die Decke weg und stellte sich neben das Bett.
»Du mußt uns jetzt helfen. Versuch mal, dich ein wenig abzustützen und rüberzurutschen.«
»Ich werde sehen, was ich machen kann«, sagte ich.
Sie hatte die Hände unter meinen Rücken und unter meine rechte Hüfte gelegt, die Röntgenassistentin kniete auf dem harten Tisch und versuchte mich von der anderen Seite zu stützen.
»Okay, dann los!« gab sie das Kommando.
Ich stützte mich mit dem linken Bein ab und versuchte zur linken Seite auf den Tisch zu rutschen. Es war ein kläglicher Versuch, der mich höchstens drei Zentimeter weitergebracht hatte.

»Noch mal!«
Schwester Beate hob mich etwas an, und ich lag halbwegs auf dem Tisch.
»Und noch mal!«
Ich stützte mich erneut auf, aber Schwester Beate rutschte mit der Hand, die meine Hüfte halten sollte, ab. Sie griff sofort wieder zu, um mich das letzte Stückchen zu schieben, verfehlte jedoch meine Hüfte und faßte direkt in die Wunde, die nur mit dem Verband abgedeckt war.
Ein entsetzlicher Schmerz durchfuhr mich, und ich schrie laut auf. Schwester Beate zuckte zusammen und ließ augenblicklich los. »Verdammt! Das wollte ich nicht. Tut's sehr weh?« rief sie völlig außer sich.
Ich schnappte noch immer nach Luft. Die Röntgenassistentin schaute uns verständnislos an. Sie wußte nicht, wie es unter dem Verband aussah.
Langsam ließ der Schmerz nach, so daß nur noch ein leichtes Brennen übrigblieb.
»Margit, es tut mir so leid!« jammerte Schwester Beate.
»Geht schon wieder. War ja nicht Ihre Schuld«, beruhigte ich sie.
Der Tisch fühlte sich kalt und hart an. Da ich nur noch aus Haut und Knochen bestand, drückte er mich überall.
»Hoffentlich dauert es nicht so lange. Mir tut alles weh«, stöhnte ich.
»Ich beeil mich«, versprach die Assistentin.
Jede Minute, die bei der Röntgenprozedur verging, wurde unerträglicher. Ich hielt es kaum noch aus und sehnte mich nach meinem weichen Bett.
Nachdem die Röntgenbilder fertig waren, konnte ich mich kaum noch bewegen.
Nun mußte ich irgendwie wieder in mein Bett zurück.
Schwester Beate hielt mein rechtes Bein am Unterschenkel

fest, und ich brachte meine gesamte Kraft auf, um mich langsam ins Bett zu schieben.

Als ich wieder in meinem Zimmer lag, war ich so erschöpft wie nach einem Dauerlauf.
Doktor Nicolai kam mit den Röntgenbildern.
»Glücklicherweise kann ich nichts Schlimmes feststellen. Trotzdem verordne ich dir Inhalationen. Die solltest du möglichst dreimal am Tag machen«, erklärte er mir freundlich lächelnd.
»Also habe ich keine Lungenentzündung?«
»Ich glaube nicht, aber wir müssen vorsichtig sein. Vielleicht hast du Zug gekriegt.«
Schwester Beate zeigte mir das Inhalationsgerät, das so ähnlich aussah wie eine Sauerstoffmaske. Man stülpte sich die Maske über den Mund und die Nase. Dann wurde ein Ventil aufgedreht, und weißer Dampf füllte die Maske aus. Nun atmete man tief ein, um den heilenden Dampf in die Lunge aufzunehmen.
Ich mußte husten, als sich meine Lunge mit dem seltsamen Zeug füllte. Schon zweifelte ich daran, daß Inhalationen wirklich das Richtige für mich waren, doch Doktor Nicolai kannte keine Gnade und überwachte meine kläglichen Inhalationsversuche. Schadenfroh meinte er, ich solle den Dampf möglichst lange in der Lunge behalten.
Ich hatte schon die passenden Worte auf den Lippen, aber die Maske hinderte mich daran, ihm zu sagen, was ich von der ganzen Sache hielt. Grinsend verließ er das Zimmer. Jetzt konnte er sich den ganzen Tag freuen, daß er einmal das letzte Wort gehabt hatte.

Zum Mittagessen bekam ich wieder Fisch mit Kartoffelsalat. Onkel Otto brachte mir das Tablett.

»Da sagt man einmal, daß man was gerne ißt, dann kriegt man es jeden Tag«, stöhnte ich.
»Das bekommst du jetzt so lange, bis du es nicht mehr sehen kannst«, erwiderte Onkel Otto.
»Das kann nicht dein Ernst sein?«
»Wart's ab!«
Ich aß nicht einmal die Hälfte dieser Riesenportion. Es schmeckte mir immer noch nicht richtig. Am liebsten hätte ich gar nichts gegessen, doch das war unmöglich, wenn ich nicht verhungern wollte.
Als meine Eltern kamen, knabberte ich noch an meinem Nachtisch, bestehend aus einem Mürbeteigplätzchen. Ängstlich schaute ich meine Mutter an, die in ihre große Einkaufstasche griff. Ich befürchtete, daß sie wieder Lebensmittel mitgebracht hatte, die ich mir vor ihren Augen reinstopfen mußte. Glücklicherweise kamen nur Handtücher zum Vorschein.
Meine Eltern setzten sich, und ich konnte an ihren Gesichtern erkennen, daß sie schon von der bevorstehenden Verlegung wußten.
»Doktor Nicolai hat also bereits mit euch gesprochen«, begann ich.
»Ja. Du sollst in eine andere Klinik kommen«, sagte Papa.
»Da will ich aber nicht hin!«
»Tja, dir wird wohl nichts anderes übrigbleiben.«
»Aber ihr könnt mich dort doch gar nicht mehr besuchen.«
»Doch, wir kommen mit dem Zug.«
»Jeden Tag?«
»Nein, das geht natürlich nicht.«
»Siehst du, wußte ich's doch.«
»Aber an den Wochenenden können wir kommen.«
»Das reicht mir nicht. Ich bin da ganz alleine. Was soll ich denn dann machen?« sagte ich weinerlich.

»Die Schwestern kümmern sich doch um dich. Und dort gibt es bestimmt auch andere Kinder, die sich mit dir unterhalten«, versuchte Papa mich zu trösten.
»Du mußt hin. Das wächst nicht wieder von selbst zu«, sagte meine Mutter und deutete auf mein Bein.
»Meint ihr wirklich?«
»Ja, es ist die einzige Lösung«, antwortete mein Vater. »Uns gefällt das auch nicht, aber wir müssen uns damit abfinden.«
Ich sagte eine Weile gar nichts. Es ging mir so viel durch den Kopf. Ich hatte Angst davor. Es würde wieder eine Menge auf mich zukommen. In dieser fremden Klinik sollte ich operiert werden, und ich mußte das ganz allein durchstehen, weit weg von zu Hause. Wie würde das wohl sein? Ob es dort auch so nette Schwestern und Pfleger gab? Ich würde ohne Mutti, Papa, Onkel Otto, Silke und Doktor Nicolai auskommen müssen. Ich konnte mir das gar nicht vorstellen. Doch hier würde ich nie wieder rauskommen, hier würde mein Bein ewig nicht heilen.
»Na gut, mir bleibt wohl wirklich nichts anderes übrig. Es gefällt mir zwar nicht, aber es muß sein«, sagte ich mehr zu mir selbst.
Meine Eltern freuten sich, daß ich so einsichtig war und sie sich nicht den Mund fusselig reden mußten, um mich zu überzeugen.
Als hätte er ein Zeichen bekommen, marschierte Doktor Nicolai ins Zimmer.
»Guten Tag! Ich wollte mal hören, ob sie zur Vernunft gekommen ist«, begrüßte er meine Eltern.
»Ist sie!« antwortete ich statt meiner Eltern.
»Wie schön«, meinte er.
»Aber es gefällt mir nicht.«
»Ich gebe Ihnen morgen Bescheid, wann die Verlegung stattfindet«, sagte Doktor Nicolai zu meinen Eltern und ging.

Der nächste Tag hielt zwei mittlere Katastrophen für mich bereit. Die erste bestand aus sauren Nierchen zum Mittagessen. Ich haßte Innereien. Meine Mutter konnte schon froh sein, wenn ich mal Leber aß. Aber Nieren, igitt! Die Schwester gab sich große Mühe, mir das Zeug schmackhaft zu machen, doch sie hatte keinen Erfolg.
Zu den sauren Nierchen gab es Kartoffelpüree. Ich gestattete ihr, mir davon drei Löffel in den Mund zu schieben, jedoch ohne Soße.
Die zweite Katastrophe kam von Doktor Nicolai, der mir mitteilte, daß ich schon in fünf Tagen, also am nächsten Montag, verlegt werden sollte.
Ich hatte gehofft, daß die Verlegung noch in weiter Ferne sein würde, doch da hatte ich mich getäuscht.
Ich brauchte eine ganze Weile, um damit fertigzuwerden.

Am Freitag wurde ich ohne Vorankündigung in den Gipsraum gefahren.
»Was soll das?« fragte ich Schwester Evi.
»Du sollst noch mal verbunden werden.«
»Wieder ohne Narkose?«
»Ich weiß nicht.«
»O nein, das mache ich nicht mit! Das könnt ihr vergessen!« sagte ich entschlossen.
Innerlich zitterte ich. Nein, diese Prozedur konnte ich nicht noch einmal aushalten. Das war Folter.
Im Gipsraum wartete Doktor Nicolai. Er war allein.
»Wollen Sie mich ohne Narkose verbinden?« fragte ich.
»Ja, aber wir nehmen nur die Mullschicht ab. Der Verband, der auf dem rohen Fleisch liegt, bleibt dort bis zur Hautverpflanzung. Keine Angst!«
»Das tut doch trotzdem weh!«
»Nein, ich mache das so vorsichtig wie möglich.«

Er setzte sich auf eine kleine Trittleiter, die die Handwerker im Gipsraum vergessen hatten. Auf der untersten Stufe stand eine kleine Flasche Schmieröl. Diese Flasche nahm er in die Hand und grinste mich an.
»Wenn wir den Verband abgenommen haben, schütten wir dir dieses Schmieröl auf dein Bein, und dann kannst du heute nachmittag schon wieder Weitsprung üben«, sagte der Doktor ganz ernst.
»Wer's glaubt, wird selig«, war mein Kommentar.
»Nun sei doch nicht so mufflig«, meinte er.
Um mich aufzuheitern, begann er ein Lied über einen Lastwagenfahrer zu singen. Ich mußte nun wirklich lachen, es sah zu albern aus, wie er dort saß mit der Flasche Schmieröl in der Hand und ein Truckerlied trällernd.
»Wissen Sie, daß Sie einen ganz makabren Humor haben?«
»Da stehe ich dir um nichts nach«, antwortete Doktor Nicolai.
Er schaute zur Uhr und wusch sich die Hände.
»Ich will aber nicht sehen, wie mein Bein ohne Verband ausschaut«, sagte ich.
»Tja, wie machen wir das denn?«
»Könnte nicht wieder jemand ein Tuch davorhalten?«
»Nein, so viel Personal haben wir heute nicht.«
Er grübelte über Lösungsmöglichkeiten nach, während er sich fertigmachte. Dazu gehörte, daß er sich Handschuhe anzog und den Mundschutz anlegte.
»Ah, ich hab's«, sagte er plötzlich.
Er nahm einen Mundschutz aus dem Karton und zog ihn mir über die Augen.
»Siehst du noch was?«
»Ja, das Material ist viel zu dünn.«
Er streifte mir noch einen Mundschutz über.
»Und jetzt?«

»Ich sehe immer noch was.«
Nun holte er den dritten Mundschutz aus dem Karton.
»Aber jetzt siehst du bestimmt nichts mehr.«
»Doch, ich kann immer noch was erkennen.«
»So, jetzt nehme ich gleich zwei.«
Nachdem fünf dieser Dinger meine Augen bedeckten, war es tatsächlich ganz gut.
»Siehst du noch was?«
»Nein, nur wenn ich unten durchschiele.«
»Das sollst du ja auch nicht.«
»Wir können das aber so lassen«, sagte ich gnädig.
»Danke! Zu gütig!« konterte er.
Langsam trafen die anderen Schwestern und Pfleger ein. Ich schielte unter meinem Augenverband durch. Als sie mich sahen, fingen sie an zu lachen.
»Was ist das denn?« fragte ein Pfleger.
»Madame hatte wieder Sonderwünsche«, antwortete Doktor Nicolai kurz und nahm sich selbst einen Mundschutz aus dem Karton. Statt ihn sich um den Mund zu binden, zog er das Ding über seine Augen.
In der Hoffnung, daß es keiner gesehen hatte, korrigierte er diesen Fehler in Sekundenschnelle.
Ich konnte mir ein Grinsen nicht verkneifen.
Ein Pfleger machte sich am Fußteil des Bettes zu schaffen.
»Woll'n wir doch mal sehen, wie tief ich das Bett nach unten stellen kann, ohne daß sie rausfällt«, sagte er trokken.
Ich krallte mich mit den Händen am Bettgestell fest.
»Was ist denn hier heute los?« fragte ich entgeistert.
»Tja, es ist Wochenende«, meinte die nette Schwester, der ich bei dem Wechsel des Verbands ohne Narkose die Hand zerquetscht hatte – fast zerquetscht hatte.
Während der Doktor mir die obere Verbandsschicht ab-

schnitt, pfiff irgend jemand ein Lied über Wochenenden bei gutem Wetter.
Nun war der Mullverband ab. Ich schloß die Augen, damit ich nicht in Versuchung geriet, durch die Mundschutzlagen zu schielen.
Der neue Verband wurde angelegt. Ich spürte nur einen dumpfen Druck, keine Schmerzen.
Erleichtert nahm ich zur Kenntnis, daß Doktor Nicolai sein Wort gehalten hatte.
»Na, hat's weh getan?« fragte er.
»Schon fertig?« fragte ich zurück.
»Ja, das war's.«
»Nein, es hat kein bißchen weh getan.«
Mit einem Griff nahm er die Mundschutzlagen von meinen Augen. Ein Gummi hatte sich hinter meinem Ohr verfangen und schnippte mir ins Gesicht.
»Aua!« rief ich.
»Aua? Wir wollen doch jetzt nicht kleinlich werden«, sagte der Doktor mitleidlos.

6

Der Montag kam schneller, als mir lieb war. Mutti hatte am Sonntag meine Sachen in die große Reisetasche gepackt, die nun neben meinem Bett stand. Ich wartete darauf, abgeholt zu werden. Gestern abend hatte es eine tränenreiche Verabschiedung von meinen Eltern gegeben, die mir versprachen, mich so bald wie möglich zu besuchen und mich, wenn es ging, jeden Tag anzurufen.
Ein Teil der Schwestern und Pfleger hatte sich auch schon von mir verabschiedet und mir alles Gute dieser Welt gewünscht.
Jetzt lag ich da und dachte darüber nach, was mich wohl in der anderen Klinik erwarten würde.
Plötzlich stürmte Doktor Nicolai, mit einer Nierenschale, einer Schere und einer Pinzette bewaffnet, in mein Zimmer.
»Ich hab noch was vergessen!« rief er atemlos.
»Was denn?«
»Ich muß dir noch die Fäden am Arm ziehen.«
»Können die denn schon raus?«
»Ja, die sollten auf jeden Fall raus.«
»Tut Fäden ziehen weh?«
»Nein, kein bißchen. Du darfst sogar hinschauen, wenn du willst.«
Er nahm mir den Verband ab und legte ihn in die Nierenschale, die ihm als Müllbehälter diente. Ich sah einen kleinen Schnitt, der von drei Fäden zusammengehalten wurde. Der Doktor zog den ersten Faden leicht mit der Pinzette an und schnitt ihn mit der Schere durch. Dann

zupfte er schnell daran. Das piekste ein bißchen, doch es kitzelte eher, als daß es weh tat. Nachdem er den ersten Faden in die Nierenschale gelegt hatte, zog er den nächsten. Ich fand das sehr interessant, weil ich mir Fäden ziehen viel schmerzhafter vorgestellt hatte.
Nachdem er alle Fäden entfernt hatte, schaute ich mir den Schnitt etwas genauer an. Die Narbe war drei Zentimeter lang und schimmerte bläulich.
»Das geht noch ganz weg. Man sieht später nur noch einen weißen Strich«, tröstete mich Doktor Nicolai.
»So schlimm finde ich das gar nicht. Ich wollte nur nachschauen, ob es wirklich hält.«
»Das hält auf jeden Fall, wenn du nicht daran rumkratzt.«
»Keine Sorge, mache ich nicht.«
Er klebte mir vorsichtshalber einen Mullverband über die Narbe.
»Kein Vertrauen, was?« fragte ich ihn grinsend.
»Doch, aber es könnte sein, daß die Narbe zu jucken anfängt, und du dich dann ganz automatisch kratzen würdest, und das will ich mit dem Verband verhindern. Klar?«
»Klar!«

Um zehn Uhr trafen die Sanitäter ein, um mich in die fremde Stadt zu bringen.
»So, dann woll'n wir mal«, sagte der ältere der beiden.
»Leider!« erwiderte ich.
Behutsam hoben sie mich aus dem Bett und legten mich auf eine Trage. Ich wurde aus dem Zimmer geschoben. Schwester Julia ging mit meiner Reisetasche neben mir her. Auf dem Flur hatte sich die gesamte Belegschaft der Station versammelt. Jeder gab mir die Hand und wünschte mir Glück.
Onkel Otto umarmte mich, und ich war unendlich traurig.

»Alles Gute, mein Kind! Kopf hoch, es wird schon werden!« sagte er.
Doktor Nicolai kam aus seinem Arbeitszimmer, um sich ebenfalls von mir zu verabschieden.
»Sei nicht traurig. Denk immer daran, wieder gesund zu werden, ja?«
Ich nickte nur. Ein dicker Kloß steckte mir im Hals. Ich konnte nichts sagen, ohne daß ich angefangen hätte zu weinen.
Als die Sanitäter mich zum Ausgang schoben, winkte ich der versammelten Mannschaft noch einmal zu.
»Und sei nicht so frech zu den Ärzten!« rief Doktor Nicolai lachend hinter mir her.
Von dort, wo der Krankenwagen stand, konnte ich noch einen letzten Blick auf mein ehemaliges Zimmer werfen.
»Mach's gut, und komm gesund zurück«, sagte Schwester Julia, die uns mit der Reisetasche gefolgt war.
»Das hoffe ich«, erwiderte ich.
Dann schoben die Sanitäter die Trage in den Krankenwagen. Die Tür wurde geschlossen, und ich war allein.

Die Fahrt begann, und ich versuchte so viel wie möglich von der Außenwelt zu sehen. Ich konnte allerdings nur durch einen kleinen Spalt in der Hecktür spähen. Die Bäume hatten Blätter, richtige dunkelgrüne Blätter. Als ich das letztemal draußen war, waren die Bäume noch nackte Gerippe.
Da ich schon so lange nichts mehr von der »normalen« Welt gesehen hatte, kam mir die Krankenwagenfahrt vor wie ein Schulausflug.
Das einzig Schlechte waren die Schlaglöcher. Wenn der Krankenwagen über ein Schlagloch fuhr, durchzuckte mich ein entsetzlicher Schmerz. Doch nach einer Weile hatte ich

ein Gegenmittel gefunden. Immer wenn wir auf eine schlecht ausgebaute Straße mit vielen Unebenheiten kamen, spannte ich meinen Körper an. Ich machte mich ganz steif und fing so das Gröbste ab. Nur einzelne Schlaglöcher mußte ich über mich ergehen lassen.
Am frühen Nachmittag kamen wir in der fremden Stadt an. Die Sanitäter zogen die Trage aus dem Krankenwagen, und für eine Minute konnte ich das Krankenhaus sehen, in dem ich nun eine ganze Weile liegen sollte.
Es schaute nicht sehr einladend aus. Das Gebäude war alt und hatte etwas Kaltes an sich. Die Umgebung sah flach aus, viel Rasenfläche, wenig Bäume und keine Blumen.
Die Sanitäter schoben die Trage in die Eingangshalle des Krankenhauses. Der Flur und die Gänge waren mit gelbbraunen Kacheln gefliest. Der Fußboden bestand aus abgewetztem Linoleum.
Nachdem mich die Sanitäter im Sekretariat angemeldet hatten, dauerte es eine Ewigkeit, bis mich eine Schwester abholte. Ich schaute mich ängstlich um. Viele Patienten liefen durch die Halle. Einige mit Gehstützen, andere mit Kopfverbänden. Manche sahen schon wieder ganz gesund aus. Die Schwester kam und fragte die Sanitäter, ob ich das Mädchen mit der schweren Beinverletzung sei.
»Ja, das ist sie«, antwortete einer der Sanitäter.
»Gut, ich hole ein Bett«, sagte die Schwester, ohne einen Blick an mich zu verschwenden.
Es dauerte wieder eine Weile, bis die Schwester das Bett brachte. Die Sanitäter betteten mich vorsichtig um und verabschiedeten sich von mir.
»Ich bin Schwester Isolde«, stellte sich die Schwester kurz vor, als sie die Reisetasche auf mein Bett legte. Schwester Isolde schien ziemlich wortkarg zu sein, und einen freundlichen Eindruck machte sie auch nicht gerade. Sie

war um die Dreißig, sehr dünn und hatte kurzes blondes Haar.
Man sah, daß sich Schwester Isolde nicht viel aus ihrer äußeren Erscheinung machte. Stumm schob sie mich in den Fahrstuhl. Während der Lift nach oben fuhr, starrte sie auf die Etagenanzeige. Die Tür des Fahrstuhls öffnete sich, und sie schob mich eine kurze Strecke den Gang entlang und dann in ein Zimmer hinein.
Das Zimmer war nicht groß, eher lang. Am Fenster stand ein Bett. Ob jemand darin lag, konnte ich nicht sehen, da die Bettdecke so hoch gewölbt war, daß es eher so ausschaute, als würde das Bett gelüftet.
Schwester Isolde schob mein Bett hinter das andere.
»Die Tasche packen wir nachher aus«, sagte sie und ließ mich allein.
Ich versuchte soviel wie möglich zu sehen. Außer dem Bett vor mir, einem kleinen Tisch und einem Stuhl entdeckte ich aber nichts. Ich hatte noch nicht einmal ein Nachtschränkchen. Die Tür ging auf, und eine andere Schwester kam herein. Sie brachte eine Art Käfig und eine Schiene. Die Schiene kannte ich schon, darauf wurde mein Bein gelagert. So ein Ding hatte ich auch in dem anderen Krankenhaus gehabt, aber was der Käfig sollte, wußte ich nicht.
Die Schwester stellte sich als Schwester Angelique vor. Sie zog die Bettdecke weg und legte vorsichtig mein verletztes Bein auf die Schiene, die wie ein Keil aussah. Dann stellte sie den Käfig über meine Beine. Der Käfig war halbrund und ungefähr siebzig Zentimeter hoch. Zuletzt legte Schwester Angelique die Decke über den Käfig.
»Wozu ist das?« fragte ich leise.
»Damit die Decke nicht auf deinem Bein liegt. Es ist erst ab übermorgen wichtig, aber so kannst du dich schon dran gewöhnen«, erklärte sie kurz und ging.

Ich wußte mit dieser Erklärung nicht viel anzufangen.
Auch Schwester Angelique war nicht sehr gesprächig. Wenn die hier alle so waren, dann prost Mahlzeit. Ich kam mir sehr verloren vor. Leise fing ich an zu weinen. Ich hatte noch nicht mal ein Taschentuch zum Schnäuzen.
Plötzlich fragte mich jemand: »Hallo, kannst du mich hören?«
»Ja«, antwortete ich kurz.
»Ich bin in dem Bett vor dir.«
»Wer bist du?« fragte ich das dünne leise Stimmchen.
»Ich heiße Vera. Und du?«
»Ich heiße Margit.«
»Woher kommst du?«
»Weit weg. Dreihundert Kilometer weit weg.«
»Ich komme hier aus der Nähe.«
»Hast du's gut. Dann kriegst du bestimmt viel Besuch.«
»Es geht. Ich liege schon lange hier, und es hängt mir zum Hals raus.«
»Wie alt bist du?«
»Vierzehn. Und du?«
»Zwölf.«
»Kannst du dich bewegen?«
»Ja, ein bißchen.«
»Wenn wir uns ein wenig aus dem Bett lehnen, dann können wir uns vielleicht sehen. Woll'n wir's probieren?«
»Okay!«
Ich versuchte mich nach rechts zu lehnen, doch die Schmerzen hinderten mich daran. Sosehr ich mich auch bemühte, ich schaffte es nicht.
»Tut mir leid, ich kann nicht. Es tut zu weh.«
»Macht ja nichts. Was hast du denn eigentlich?«
»Ich hab keine Haut und kein Fettgewebe mehr an meinem

rechten Oberschenkel. Ein Lastwagen hat es mir abgefahren.«
»O je! Ich hab einen Topf mit kochendem Wasser auf meine Füße fallen lassen. Die sehen jetzt aus wie gegrillt.«
»Ach du meine Güte!«
Die Tür ging auf, und ein Pfleger brachte mir ein Nachtschränkchen.
»Halli, Hallo! Ich bin der Horst. Du bist Margit, nicht wahr?«
»Ja, die bin ich.«
»Na, dann woll'n wir mal deine Sachen auspacken.«
Er verstaute meine Sachen im Nachtschränkchen und in einem Kleiderschrank hinter mir, den ich nicht sehen konnte. Ich hörte nur, wie er eine Tür aufmachte und mit den Kleiderbügeln hantierte.
»Nachher kommt die Ärztin und bespricht mit dir die Operation«, sagte Horst, bevor er ging.
Wenigstens einer, der ein bißchen mit mir gesprochen hatte.
»Vera?«
»Ja.«
»Sind die Schwestern hier alle so komisch?«
Vera lachte.
»Außer Horst hat niemand so richtig mit mir gesprochen«, berichtete ich meiner Zimmergenossin.
»Das wirst du noch sehen. Ich sag lieber nichts«, erwiderte Vera.
»Das kann ja heiter werden«, murmelte ich.

Schwester Angelique kam am Abend, um meinen Puls, den Blutdruck und die Temperatur zu messen, und gab mir einige Tabletten, die ich nehmen sollte. Später brachte sie mir das Abendessen, das sie auf den Nachttisch stellte. Als

sie gehen wollte, sagte ich ihr, daß ich mir die Brote nicht selbst schmieren könne.
Sie murmelte etwas, was sich wie: »Auch das noch!« anhörte, doch sie machte mir die Brote und schnitt sie sogar in kleine Stückchen. Dann ließ sie mich damit allein.
Mein Appetit wurde durch die neue Umgebung nicht gerade gesteigert. Ich versuchte etwas zu essen, doch schon nach ein paar Happen wurde mir übel, und ich nahm nur noch die Tabletten.
Nach einer Weile holte Schwester Angelique das Tablett ab. Sie schimpfte, weil ich so wenig gegessen hatte. Dann passierte lange nichts mehr. Niemand kam, keiner schien sich hier für mich zu interessieren.
Als es langsam dunkel wurde, brachte mir eine Schwester das Telefon.
»Deine Mutter ist dran«, sagte sie, stellte das Telefon auf das Nachtschränkchen, schloß es an, gab mir den Hörer und verließ das Zimmer.
»Na, bist du gut angekommen?« fragte meine Mutter.
»Ja.«
»Wie gefällt es dir denn?«
»Überhaupt nicht. Es ist beschissen«, antwortete ich heulend.
»Das kannst du doch noch gar nicht sagen«, versuchte sie mich zu trösten.
»Doch, kann ich wohl. Hier spricht niemand mit mir. Alle sind so seltsam. Die interessiert es gar nicht, wie es mir geht.«
»Nun sei doch nicht so traurig.«
»Ich will nach Hause!«
»Wir kommen dich am Wochenende besuchen, und morgen ruf ich wieder an. Dann schaut alles schon viel besser aus. Du wirst sehen.«

»Bis zum Wochenende ist es noch so lange.«
»Die Zeit vergeht schneller, als du denkst.«
»Für euch vielleicht ...«
»Ich muß jetzt auflegen, sonst wird's zu teuer. Tschüs, mach's gut, mein Kind.«
»Tschüs, grüß Papa und Oma und auch sonst alle.«
»Mach ich. Schöne Grüße von allen auch an dich. Wir denken alle an dich, vergiß das nicht. Tschüs.«
Ein Klicken, dann war die Leitung stumm. Ich fühlte mich nun noch einsamer als vorher. Niemand war da. Ich nahm meinen Bär in den Arm und weinte, bis ich einschlief.

Am nächsten Morgen wurde ich recht früh geweckt. Eine Schwester – das mußte wohl die Nachtschwester sein – stellte eine Waschschüssel auf mein Nachtschränkchen. Sie legte die Waschlappen dazu und verließ das Zimmer. Ich versuchte mich so gut es ging selbst zu waschen, doch es strengte mich sehr an. An die unteren Körperteile kam ich gar nicht ran.
Da ich Ärger vermeiden wollte, sagte ich nichts, als die Schwester die Schüssel wieder abholte.
Nach dem Frühstück erschien die Ärztin, die eigentlich gestern schon kommen sollte.
Sie war um die Fünfzig und sah überarbeitet aus. Ihr Haar war streng zurückgekämmt und im Nacken mit einer braunen altmodischen Spange festgesteckt.
»Morgen! Du bist Margit, nicht wahr?« begrüßte sie mich.
»Ja.«
»Ich bin Frau Doktor Hockenbrink. Ich werde mir dein Bein jetzt ansehen. Dann erkläre ich dir, was wir mit dir machen werden.«
Sie nahm die Decke und den Käfig weg, griff in ihre Kitteltasche und holte eine Verbandschere heraus. Blitz-

schnell schnitt sie die obere Verbandschicht ab und warf sie achtlos auf den Boden. Ich hatte gerade Zeit, meine Hand vor die Augen zu legen, um das Bein nicht zu sehen.
»Was soll denn das?« fragte sie.
»Ich möchte das Bein ohne Haut nicht sehen«, antwortete ich.
»So ein Quatsch! Wer hat dir denn das eingeredet?«
»Ich will es einfach nicht!« sagte ich entschieden.
»Du mußt es dir aber anschauen. Es ist besser, du tust es jetzt, dann erschrickst du nicht so, wenn du es nach der Operation siehst.«
»Aber dann ist doch Haut drauf.«
»Ja, doch es wird noch immer schlimm ausschauen. Also guck hin!«
»Nein!«
»Du machst vielleicht ein Theater!«
Ich bekam Angst. Ich wollte das Bein nicht sehen. Als der Unfall passierte, hatte ich es schon zu Gesicht bekommen. Damals machte es mir nicht viel aus, weil ich mich unter Schockeinwirkung befand, doch in der Zeit danach erinnerte ich mich oft daran. Ich sah es genau vor mir, die Innenansicht meines Oberschenkels, so rot und glitschig. Wenn ich das Bein jetzt sah, ohne Haut, offen von der Hüfte bis zum Knie, dann würde ich vor diesem schrecklichen Gebilde, das einmal mein Oberschenkel war, weglaufen wollen. Ich konnte aber nicht weglaufen, und selbst wenn ich es gekonnt hätte, wäre das scheußliche Ding immer mit mir gekommen. Nein, ich wollte es nicht sehen!
»Ich schaue es mir nicht an!« schrie ich.
»Na gut, dann nicht. Dann wirst du's eben morgen sehen.«
»Morgen schon?«
»Ja, morgen früh wirst du operiert werden. Heute machen wir die Voruntersuchungen und einige Röntgenbilder.«

Der Ton der Ärztin hatte etwas Militärisches.
»Wie geht die Operation, und wie schaut das Bein hinterher aus?«
Frau Doktor Hockenbrink betrachtete das Bein und setzte sich dann auf mein Bett.
Ich schielte ein wenig durch meine Finger, die ich immer noch über meine Augen hielt.
»Wir nehmen so viel Haut, wie wir brauchen, von deinem linken Oberschenkel und wahrscheinlich auch von deinem rechten Unterschenkel ab. Die legen wir auf die Wunde und hängen das Bein auf, so daß es nicht mehr mit der Decke und dem Bett in Berührung kommt. Dann muß es einfach heilen, das ist alles.«
»Und wie schaut das Bein dann aus?«
»Auf dem Bein ist die Haut, aber die ist so dünn, daß man hindurchsehen kann.«
»Besser als gar nichts«, sagte ich trotzig.
Die Ärztin blickte mich kalt an. Ich wußte, daß sie mich nicht leiden konnte, doch das beruhte auf Gegenseitigkeit.
»Dann ist das linke Bein offen und das rechte Bein zu! Was hab ich dabei gewonnen, außer, daß das linke Bein genauso entstellt aussieht wie das rechte?« fragte ich erschrocken.
Diese Tatsache hatte ich noch gar nicht bedacht.
»Die Hautschicht, die wir vom linken Bein nehmen, ist sehr, sehr dünn. Das linke Bein heilt schnell zu, und es bleiben kaum Narben zurück.«
Ich hatte keine Fragen mehr. Es lag sowieso nicht in meiner Macht, die Operation zu beurteilen. Ich war den Ärzten ausgeliefert. Das Gefühl kannte ich schon, doch in dem ersten Krankenhaus war das etwas anderes. Dort waren alle nett zu mir gewesen, weil ihnen etwas daran lag, daß ich wieder gesund wurde. Hier war ich ein medizinischer Fall, der bearbeitet wurde, eine Nummer, eine Ablederung, wie

meine Verletzung in der Medizinersprache genannt wurde. Hier lief es nach dem Motto ab: »Hast du der Ablederung schon ihre Tabletten gebracht?«
Die Ärztin drückte auf den Klingelknopf, um eine Schwester zu rufen.
»Hast du noch Fragen?« wollte sie von mir wissen.
»Nein«, antwortete ich kläglich.
Ob ich nach der Operation Schmerzen haben würde, brauchte ich erst gar nicht zu fragen. So wie sie die Sache beschrieben hatte, hörte sich das nach einer Menge Schmerzen an. Außerdem wollte ich dieser Frau auf gar keinen Fall zeigen, daß ich Angst hatte.
Die Schwester erschien, und Frau Doktor Hockenbrink wies sie an, einen Verbandswagen zu holen.
»Wir machen dir nur einen dünnen Verband drum. Für solche Mätzchen wie in dem anderen Krankenhaus haben wir hier keine Zeit«, sagte die Ärztin in verächtlichem Ton.
Die Schwester erschien mit dem Verbandswagen. Dann hielt sie mein Bein, während Frau Doktor Hockenbrink den Oberschenkel verband. Sie machte das nicht so vorsichtig wie Doktor Nicolai, doch ich verkniff mir jegliche Schmerzenslaute.
»Fertig! Du kannst die Augen jetzt wieder öffnen«, sagte die Ärztin spöttisch und verließ mit der Schwester den Raum.
Als ich mir den Verband anschaute, erschrak ich. Das Bein war entsetzlich dünn, gerade so dick wie einer meiner Oberarme vor dem Unfall. Jetzt bestanden meine Arme nur noch aus Haut und Knochen, kein Vergleich mehr zu früher. Ich versuchte das Bein ein wenig anzuheben, doch ich schaffte es nicht. Es schien Tonnen zu wiegen.
Dann sah ich eine rote offene Stelle an meiner Hüfte, die Frau Doktor »vergessen« hatte zu verbinden.

Ich war froh, daß ich mir das Bein nicht angeschaut hatte, denn diese kleine Fläche rohen Fleisches reichte mir schon.
»Der hast du's aber gegeben«, ertönte Veras Stimme.
»Die tickt doch nicht richtig«, erwiderte ich.
»Was daran gut sein soll, daß du das Bein offen siehst, verstehe ich auch nicht«, stimmte Vera mir zu.
Danach sagte Vera nichts mehr. Sie hatte Angst, denn sie sollte heute zum viertenmal operiert werden. Ich konnte gut verstehen, was in ihr vorging, und ließ sie deshalb in Ruhe.
Nach einer Weile kam eine Schwester und machte Vera für die Operation fertig. Sie zog ihr ein Krankenhaushemd an und setzte ihr eine Kappe auf, um die Haare abzudecken. Dann bekam Vera eine Beruhigungsspritze. Die gab es vor jeder Operation. Sie wurde »Leck-mich-am-Arsch-Spritze« genannt, weil einem danach alles egal war. Als die Schwester an meinem Bett vorbeiging, schaute sie mich an.
»Wir kennen uns noch nicht. Ich bin Schwester Monika. Gestern hatte ich frei, deshalb konnte ich dich noch nicht begrüßen«, sagte sie freundlich.
»Ich bin Margit.«
»Ich komme nachher noch einmal zu dir«, kündigte sie an.
Ich hätte heulen können vor Freude. Es tat gut, daß jemand so nett mit mir sprach. Schwester Monika und der Pfleger Horst waren die einzigen, die in mir einen Menschen zu sehen schienen und nicht eine Nummer.
Ein paar Minuten später wurde Vera abgeholt. Schwester Monika schob Veras Bett an meinem vorbei.
Nun konnten wir uns endlich sehen. Vera schaute wegen der Spritze müde aus, doch sie lächelte etwas, und ich nahm ihre Hand.
»Wird schon werden!« versuchte ich sie aufzuheitern. Sie nickte, und im nächsten Moment wurde sie weggefahren.

Schwester Monika kam tatsächlich zu mir, nur um ein wenig mit mir zu reden. Ich glaubte es kaum. Die Schwester war noch sehr jung. Sie hatte ein schmales, etwas blasses Gesicht, und ihr glattes blondes Haar fiel offen auf die Schultern. Mit einer Hand strich sich Schwester Monika die Haare hinter die Ohren, doch sie fielen ihr immer wieder ins Gesicht.
»Du fühlst dich bestimmt alleine, nicht wahr?« sagte sie.
»Ja, sehr. Außer Ihnen und Horst ist auch niemand nett zu mir gewesen.«
»Du kannst mich ruhig duzen. Ich bin noch Schwesternschülerin. Da wird das nicht so eng gesehen.«
Schwester Monika war also noch in der Ausbildung. Vielleicht war sie deshalb noch nicht so abgebrüht wie die anderen. Ihr Blick für das Menschliche war noch nicht im Krankenhausalltag abhanden gekommen.
»Ich soll morgen operiert werden.«
»Hast du Angst?«
Ich nickte.
»Aber überleg mal, es hat auch sein Gutes. Je schneller du operiert wirst, desto eher bist du wieder gesund und kannst nach Hause.«
»Nach Hause. Das liegt noch so weit weg«, sagte ich traurig.
»Wenn du dich mies fühlst, dann denk immer daran, bald nach Hause zu kommen. Setz es als dein Ziel. Mit jedem Tag, der vergeht, bist du näher an deinem Ziel. Du mußt nur immer fest daran denken.«
»Das mach ich.«
Die Idee war gar nicht schlecht. Ich mußte zugeben, daß ich in der letzten Zeit keine guten Gedanken mehr gehabt hatte, und erst recht keine Ziele.
Als Schwester Monika wieder an die Arbeit ging, fühlte ich

mich etwas besser. So ein Gespräch tat gut; es half mehr als alle möglichen Beruhigungspillen.

Nach dem Mittagessen, bestehend aus Hühnersuppe mit Reis, wurde ich von Horst in die Röntgenabteilung gefahren.
»Wir machen jetzt einen kleinen Ausflug«, sagte Horst. Er schob mich in den Fahrstuhl und drückte auf einen Knopf. Wir fuhren abwärts. Unten angekommen, meldete er mich bei der Röntgenassistentin an.
»Ich bleibe noch einen kleinen Moment bei dir, aber nicht lange. Oben auf der Station ist so elendig viel zu tun«, erzählte Horst.
»Ihr habt kaum Zeit, was?« fragte ich.
»Nee, es ist viel zuwenig Personal da. Von morgens bis abends sind wir nur am Rennen. Das gefällt mir gar nicht.«
»Für die Patienten ist das auch nicht schön.«
»Wir haben so viele Schwerverletzte hier liegen, die kaum einen Finger rühren können. Für die braucht man viel Zeit.«
»Da bin ich ja fast ein harmloser Fall«, stellte ich fest.
»Harmlose Fälle gibt es bei uns gar nicht.«
»Sie sehen bestimmt eine Menge schreckliche Dinge, was?«
»Ja. Ich glaube, daran gewöhne ich mich nie.«
Eine ältere Frau im weißen Kittel erschien. Es war die Röntgenassistentin. Horst schob mich in den Röntgenraum. Eine Weile blieb ich allein, dann kam die Assistentin.
»Was soll denn geröntgt werden?« fragte ich.
»Was schon! Dein Bein. Hast du sonst noch was?« erwiderte sie unfreundlich.
Ich zog es vor, nichts mehr zu sagen.
Sie schob das Bett an den Röntgentisch.
»Rutsch mal dort rüber!« befahl sie mir.

»Wenn ich das könnte, würde ich nicht hier liegen«, fuhr ich sie an. Langsam reichte es mir. Ich wurde wütend.
Sie nahm die Bettdecke weg und stellte den Käfig beiseite. Dann sah sie das dünne Bein und wurde ein klein wenig freundlicher.
»Verstehe!« brummte sie.
Sie stützte mich, und ich rutschte auf den Tisch. Mein Bein tat höllisch weh, und die Tränen stiegen mir in die Augen. Sie richtete das Bein aus und stellte die Röntgenapparatur ein. Sie machte Röntgenbilder vom rechten Oberschenkel, vom rechten Knie, vom linken Oberschenkel, vom linken Knie und von was weiß ich noch. Zehn Aufnahmen später wußte ich vor Schmerzen nicht mehr, wie ich liegen sollte. Hätte mich jemand nach meinem Namen gefragt, wäre ich nicht draufgekommen. Es gab nur noch Schmerzen: dumpfe Schmerzen, hämmernde Schmerzen – alles auf einmal. Mir wurde schwindlig. Ich hoffte, daß ich ohnmächtig wurde, doch da lag ich schon in meinem Bett. Die Prozedur war vorüber. Wie ich ins Bett gekommen war, wußte ich nicht mehr. Ich konnte nicht mal mehr weinen. Was die Röntgenassistentin zu mir sagte, drang nicht in mein Bewußtsein. Ich wurde auf den Gang geschoben, und Horst holte mich nach einer Weile ab. Ich sagte nichts. Ich wollte nur noch in Ruhe gelassen werden.
Als ich in meinem Zimmer war, kuschelte ich mich an meinen Teddybär, um bei ihm Trost zu finden.

Abends rief Mutti wieder an. Ich erzählte ihr kurz, was sich seit gestern zugetragen hatte. Sie sagte nicht viel darauf. Wahrscheinlich fühlte sie sich schrecklich, denn sie wußte, daß sie mir nicht helfen konnte. Dann erzählte ich, daß ich am nächsten Tag operiert werden sollte. Sie versuchte mir Mut zu machen und versprach, schon mittags anzurufen, um sich nach mir zu erkundigen. Wir fühlten uns beide elend, und ich hielt mühsam die Tränen zurück, um es ihr nicht noch schwerer zu machen.

Zum Abendessen gab es für mich nur eine Gemüsebrühe. Danach begannen die Operationsvorbereitungen. An meinen Beinen wurden alle Haare abrasiert. Anschließend wusch man mich gründlich von oben bis unten. Ich bekam eine Schlaftablette und wurde mir selbst überlassen.
Man hatte Vera am Nachmittag ins Zimmer zurückgebracht. Sie schlief bis abends, dann fing sie an zu jammern. Sie hatte große Schmerzen. Die Nachtschwester gab ihr Schmerztabletten, doch die schienen nicht zu helfen. Vera tat mir schrecklich leid. Ich wußte, daß es mir morgen genauso gehen würde. Ich wollte schlafen, doch die Angst ließ mich nicht los. Die Hälfte der Nacht dachte ich darüber nach, was ich verbrochen hatte, daß ich mit solchen Qualen bestraft wurde.

Am nächsten Morgen wurde ich wieder gründlich gewaschen. Zu essen bekam ich nichts. Statt dessen gab man mir die »Leck-mich-am-Arsch-Spritze«. Nach einer Weile war mir wirklich alles egal. Ich befand mich in einem angenehmen Dämmerzustand. Nach dem Waschen hatte man mir ein Krankenhaushemd angezogen und eine OP-Mütze aufgesetzt. Als ich abgeholt wurde, schlief Vera. Ich konnte mich nicht von ihr verabschieden. Schwester Isolde schob mein Bett in den Fahrstuhl und irgendwo wieder raus. Ich hätte nicht sagen können, ob wir nach oben oder nach unten gefahren waren. Sie stellte das Bett ab und klopfte an eine Scheibe. Dann wechselte sie ein paar Worte mit einer anderen Schwester, die ganz in Grün gekleidet war, und ging, ohne mich noch einmal anzusehen.

Eine Nummer, nur eine Nummer, wenn ich sterbe, wird mir hier keiner nachweinen. Nur noch eine Nummer, kein Mensch mehr, dachte ich und mußte lachen. Drehte ich jetzt durch, oder kam das von der Beruhigungsspritze?
Ein grüner Riese schob mich in den Operationssaal. Er nahm das Krankenblatt von meinem Bett und legte es auf einen Tisch im Vorraum. Dann erschien der Narkosearzt. Ich spürte nur noch einen kleinen Piekser, gleich darauf wurde es schwarz.

Das erstemal erwachte ich auf dem Flur vor dem OP. Eine Hand klatschte immer wieder in mein Gesicht.
»Margit, aufwachen!«
Dann wieder das Klatschen.
»AUFWACHEN!!!«
Ich versuchte etwas zu sagen, doch ich bekam weder einen Ton heraus noch meine Augen auf.
»MARGIT! HE! AUFWACHEN!«
»Ja«, sagte ich kaum hörbar und schielte ein wenig durch meine halbgeöffneten Augenlider.
»Na also!«
Das Klatschen hörte auf; die Stimme verstummte.
Das zweitemal wurde ich in einem fremden Zimmer wach. Ich drehte den Kopf zur rechten Seite und sah dort ein Bett. Wer in diesem Bett lag, konnte ich nicht erkennen. Plötzlich flog etwas Hartes auf meine Brust. Ich erschrak und griff danach. Es war ein Kinderbuch.
»Lies mir vor!« befahl mir eine helle Stimme.
Ich öffnete die Augen; automatisch begann ich, laut zu lesen. Meine Augen fielen immer wieder zu, und das Buch rutschte mir aus den Händen.
»He, weiterlesen!« rief die Stimme.
»Ich kann nicht.«

»Du mußt! Das haben die Schwestern jedenfalls gesagt«, erwiderte die Stimme.
»Wer bist du?« fragte ich.
»Ich heiße Maren und bin sechs Jahre alt.«
»Ich heiße Margit und bin zwölf ...«
»Lies weiter, sonst krieg ich Ärger.«
Ich las, bis ich wieder halbwegs wach war. Langsam konnte ich Maren sehen, sie wurde immer deutlicher. Der Nebel in meinem Hirn lichtete sich.
Ich schaute mir das Mädchen genauer an. Maren hatte langes braunes Haar, das ihr wie ein Umhang um die Schultern hing. Sie war blaß und dünn. Wie lange lag sie wohl schon im Krankenhaus?
Ich fragte sie danach.
»Ich weiß nicht genau. Aber schon eine ganze Weile.«
»Was hast du denn?«
»Ich hatte Hautkrebs, den haben sie mir weggeschnitten und dann neue Haut draufgetan.«
»Krebs?« fragte ich entsetzt.
»Ja, am Bein.«
»Aber jetzt ist er weg, oder?«
»Ich glaube schon.«
Vor lauter Reden hatte ich ganz vergessen, nachzuschauen, wie mein Bein aussah. Ich hob die Decke an, blickte in den Käfig, ließ die Decke sofort wieder fallen und versuchte mich an das Gesehene zu gewöhnen. Das Bein schaute aus wie die Dekoration eines Horrorfilms. Nach ein paar Minuten hob ich die Decke zum zweitenmal an. Die Haut schien durchsichtig zu sein. Der Oberschenkel sah dunkelrot aus. Die Haut bestand nicht aus einer Fläche, sondern aus vielen unterschiedlich großen Hautlappen, die mal längs, mal quer aneinandergereiht auf der Wunde lagen. So wie eine Decke, die man aus Stoffresten zusammengenäht hatte.

Nähte sah ich keine. Die Hautlappen lagen nur auf, ohne irgendeine Befestigung.

Mitten durch mein Knie war ein langer dünner Nagel gebohrt worden. Die Enden des Nagels schauten rechts und links heraus. An diesen Enden hatten die Ärzte einen Bügel befestigt, der wie ein Steigbügel aussah. Der Bügel hing an einer Stange, die längs über meinem Bett angebracht war. Mein Fuß lag hinten irgendwo auf. Das Bein schwebte angewinkelt über dem Laken, so daß der verletzte Oberschenkel das Bett nicht berührte. Zu meinem Erstaunen war mir diese Art der Beinlagerung angenehm. Ich spürte keine Schmerzen. Noch nicht. An meiner Hüfte und an der Leistenbeuge entdeckte ich offene Stellen. Warum wohl? Ob den Ärzten die Haut ausgegangen war?

Ich richtete mich ein wenig auf und schaute genauer hin. Unterhalb des Knies, an der Wade, fand ich ein ungefähr zwei Zentimeter tiefes Loch. Das sah am erschreckendsten aus. Das linke Bein war von oben bis unten verbunden. An der linken Seite meines Bettes hing ein Beutel, der mir bekannt vorkam. Ich hatte also wieder einen Blasenkatheter bekommen. Rechts neben mir erblickte ich einen Infusionsständer, an dem eine große Flasche hing. Die Infusionsnadel steckte in meiner rechten Ellenbeuge. Ich ließ die Bettdecke fallen und schloß die Augen.

Das Bein sah viel schlimmer aus, als ich es mir vorgestellt hatte, doch komischerweise machte mir das nichts aus. Wenigstens war Haut darauf, jetzt brauchte das Bein nur noch zu heilen, und schon ging es ab nach Hause. Warum lag ich wohl in einem anderen Zimmer? Und wo waren meine Sachen? Wo war mein Teddybär?

Ich schaute mich um, konnte ihn jedoch nirgends entdecken. Ein Nachtschränkchen hatte ich auch nicht und

somit auch keine Klingel, denn die hing daran. Ich bat Maren, für mich zu klingeln.
Nach einer Weile erschien Schwester Isolde.
»Wieder wach?« fragte sie.
»Warum liege ich in einem anderen Zimmer? Und wo sind meine Sachen?«
»Vera geht es noch nicht gut. Sie braucht Ruhe und du auch, deshalb haben wir dich verlegt. Deine Sachen holen wir gleich. Sonst noch was?«
»Nein.«
»Hast du Schmerzen?«
»Nein, bis jetzt nicht.«
»Gut.«
Schon war sie wieder verschwunden. Viele Stunden später brachte Horst mir meine Sachen.
»Mein Bär, das ist das Wichtigste!« rief ich.
»Hier hast du deinen Bär«, sagte Horst und grinste.
Er räumte meine Sachen in den Kleiderschrank, der links von meinem Bett stand. Das Zimmer war ganz anders angeordnet als das andere. Dieser Raum wirkte größer. Rechts von mir stand mein Nachttisch, und daneben befand sich Marens Bett. Wenn ich nach rechts blickte, konnte ich Maren sehen, ohne mich verrenken zu müssen. Das gefiel mir gut.
»Wie geht es Vera?« fragte ich den netten Pfleger.
»Sie hat noch ein wenig Schmerzen und jammert. Aber das gibt sich.«
»Tun Sie mir einen Gefallen?«
»Klar!«
»Grüßen Sie Vera bitte von mir.«
»Mach ich! Und wie fühlst du dich?«
»Es geht. Bis jetzt bin ich noch so betäubt, daß ich keine Schmerzen habe, aber ich glaube, die kriege ich noch, oder?«

»Das glaube ich leider auch. Nach so einer schweren Operation wäre es ein Wunder, wenn du keine Schmerzen bekommen würdest.«
»Haben Sie schon gesehen, wie das Bein ausschaut?«
»Ja, als ich dich vom Operationssaal abholte«, antwortete Horst und räumte eifrig Handtücher in den Schrank.
»Und?« fragte ich.
»Und was?«
»Wie finden Sie's?«
»Es sieht so aus, wie alle Hautverpflanzungen aussehen, wenn sie frisch sind.«
»Ich finde, es schaut aus wie aus einem Monsterfilm.«
Horst mußte lachen.
»Ein Monsterfilm? Nein, das finde ich nicht«, erwiderte er.
»Bleibt das jetzt immer so?«
»Nein, die Haut wird noch heller, und die Teile wachsen zusammen. Dünn wird dein Bein wohl bleiben, und Narben wirst du auch haben, aber ein bißchen schöner wird es noch.«
»Sie finden es also nicht eklig?«
»Nein.«
»Sie sehen so was ja auch täglich. Aber andere werden es eklig finden.«
»Das glaube ich nicht«, meinte er, doch ich wußte, daß er das nur gesagt hatte, um mich zu beruhigen.

Am Abend kam die Ärztin. Sie zog die Bettdecke weg und schaute sich mein Bein an.
»Das sieht ja schon ganz ordentlich aus«, meinte sie.
Ich wollte ihr nicht widersprechen, also sagte ich gar nichts.
»Hast du Schmerzen?«
»Ja, langsam fängt es an, weh zu tun.«
»Schlimm?«

»Momentan halte ich es noch aus.«
»Wenn nicht, melde dich. Du bekommst dann ein zusätzliches Schmerzmittel. Die Infusion enthält zwar schon ein Medikament gegen die Schmerzen, aber es wäre möglich, daß das nicht ausreicht.«
»Warum sind denn ein paar Stellen noch nicht mit Haut bedeckt?« fragte ich.
»Da war welche drauf, aber du hast sie dir abgerissen, als du gerade aus der Narkose aufwachtest«, klärte mich Frau Doktor Hockenbrink vorwurfsvoll auf.
»Das habe ich ja nicht absichtlich gemacht«, verteidigte ich mich.
»Also melde dich, wenn irgend etwas ist.«
»Hat meine Mutter angerufen?« fragte ich die Ärztin, als sie gerade das Zimmer verlassen wollte.
»Ach, das hatte ich schon wieder vergessen. Ja, sie hat angerufen, doch da warst du noch nicht wach. Wir haben ihr gesagt, wie es dir geht. Sie läßt dich grüßen.«
Ich nickte.
Kurz nachdem die Ärztin gegangen war, fühlte ich einen brennenden Schmerz in meinem rechten Bein. Es war, als ob das Bein auf einer heißen Herdplatte liegen würde. Ich klingelte, weil ich es nicht aushielt.
Eine Schwester, die ich noch nie gesehen hatte, betrat das Zimmer.
»Ich bin Frau Kuhnert«, stellte sie sich vor.
»Sind Sie keine Schwester?« fragte ich erstaunt.
»Nein, ich bin Pflegehelferin. Was gibt's?«
»Ich hab solche Schmerzen und brauch dringend ein Schmerzmittel. Frau Doktor Hockenbrink hat gesagt, wenn ich Schmerzen kriege, soll ich mich melden.«
»Gut, ich hol dir was.«
Es dauerte eine ganze Weile, bis sie zurückkam. Oder ich

bildete es mir nur ein, daß es so lange dauerte, denn jede Minute, die man mit solchen Schmerzen verbringt, kommt einem wie eine Ewigkeit vor.
Frau Kuhnert gab mir eine Tablette, die ich mit einem Schluck Wasser hinunterspülte.
Nun wartete ich darauf, daß die Tablette wirkte. Doch nach einer halben Stunde waren meine Schmerzen noch genauso schlimm. Ich klingelte wieder. Schwester Isolde kam.
»Ich habe immer noch Schmerzen«, stöhnte ich.
»Du hast doch eben was dagegen bekommen.«
»Das hilft nicht.«
»Du mußt Geduld haben.«
»Ich halte es aber nicht mehr aus! Es ist, als ob mein Bein verbrennt!« schrie ich.
Sie ging, ohne ein Wort zu sagen. Ich weinte, weil ich verzweifelt war. Half mir denn hier niemand?
Doch Schwester Isolde kam mit einer Spritze zurück.
»Das ist aber das letzte, was wir dir heute verabreichen können, sonst wird es zuviel«, sagte sie mürrisch und gab mir die Spritze.
Nach kurzer Zeit fiel ich wieder in diesen Dämmerschlaf, den ich schon von dem anderen Krankenhaus her kannte. Dort bekam ich auch diese Spritze, wenn meine Schmerzen unerträglich wurden. Ich erinnerte mich daran, daß ich Angst vor solchen Spritzen hatte, weil sie mein Bewußtsein veränderten. Mir war, als ob ich einen halben Meter über dem Bett schwebte. Aber lieber dieses unheimliche Gefühl als die Schmerzen.

Am nächsten Tag wurde ich durch die Schmerzen geweckt. Ich schaute Maren an, die sich halbherzig mit ihrem Malbuch beschäftigte.

»Wie spät ist es?« fragte ich mit heiserer Stimme.
»Oh, bist du wieder wach? Es ist fast Mittag. Du hast gestern und heute nur geschlafen«, antwortete Maren.
»Mir tut alles weh.«
»Soll ich klingeln?«
»Lieber nicht. Ich beiß die Zähne zusammen . . .«
Mir tat jetzt nicht nur das rechte Bein weh, sondern ich spürte dieses Brennen, wenn auch nicht so stark, ebenfalls am linken Bein. Was mußte ich noch alles aushalten? Warum war mir das passiert?
Die Tür ging auf, und Frau Kuhnert brachte Marens Mittagessen.
Ich schaute mir Frau Kuhnert genauer an. Sie mußte um die Vierzig sein, hatte schulterlanges schwarzes Haar und trug dunkle Strümpfe unter ihrem Kittel. Ihre Gestalt wirkte derb, und in ihrem Gesicht war ein gleichgültiger Ausdruck zu erkennen, als sie Maren das Tablett auf den Nachttisch stellte.
»Du bekommst nichts zu essen; du mußt dich vorerst noch mit Astronautensuppe zufriedengeben. Ich bringe dir gleich etwas«, sagte sie, als sie an meinem Bett vorüberging.
Ich war ganz froh, nichts essen zu müssen. Aber was sollte um Himmels willen Astronautensuppe sein?
Frau Kuhnert brachte mir eine Schüssel, die eine Flüssigkeit von unbestimmbarer Farbe enthielt. Die Suppe war nicht gelb und nicht braun, sie roch nach nichts, und sie schmeckte scheußlich.
»Bäh! Das krieg ich nicht runter!« beschwerte ich mich bei Frau Kuhnert, die mich zu füttern versuchte.
»Da sind alle Nährstoffe drin, die dein Körper jetzt braucht«, sagte sie und schob mir den nächsten Löffel in den Mund.

Es schmeckte wie ein Süppchen, das in einer Hexenküche gebraut worden war. Ich erinnerte mich an ein Märchen, in dem die Hexe einen Zaubertrank mixte, um damit einen Toten wiederzubeleben. Sie verwendete Spinnenbeine, Ochsenblut, Schlangenfleisch, geriebene Pferdehufe und diverse Kräuter für den Trank. Die Hexe nannte das Gebräu »Elixier des Lebens«. Ich nannte es »Astronautensuppe«.
Ich konnte mich nicht gegen Frau Kuhnert wehren, die die gesamte Suppe löffelweise in mich hineinschüttete.
»Es gibt auch andere Geschmacksrichtungen«, sagte sie.
»Was war das denn für eine Geschmacksrichtung?« fragte ich.
»Ochsenschwanz.«
Da hatte ich ja nicht mal so ganz unrecht mit meiner These über die Zutaten.
»Was gibt es denn noch?«
»Vanille, Erdbeere und Schokolade.«
»Im Ernst? Das hört sich ja nach Eisdiele an. Nächstesmal möcht ich gern Erdbeere. Geht das?«
»Werd's versuchen.«
»Essen so was wirklich die Astronauten?« fragte ich.
»Weiß ich nicht, jedenfalls ist es für die erfunden worden.«
Frau Kuhnert räumte Marens Tablett ab und ging.
»War noch keine Visite?« fragte ich Maren.
»Doch, aber die hast du verschlafen.«
»Was haben die Ärzte denn gesagt?«
»Irgend so was Medizinisches. Keine Ahnung. Hab ich nicht verstanden.«
»Hätte ich wahrscheinlich auch nicht verstanden. Dann ist's ja nicht so schlimm, daß ich geschlafen habe.«
»Ich soll nächste Woche entlassen werden. Ist das nicht toll?«

»Ja, da kannst du froh sein«, sagte ich traurig, denn ich wußte, daß ich hier noch einige Zeit verbringen mußte. Schwester Isolde brachte mir kurz nach dem Mittagessen Tropfen gegen die Schmerzen. Sie halfen besser als die Tabletten, aber nicht so gut wie die Spritze. Wenn ich mich kaum bewegte, konnte ich die Schmerzen ertragen. Ich mußte mich ablenken. Maren schlug vor, mir Geschichten zu erzählen. Ich freute mich darüber.
Anschließend las ich ihr etwas vor, bis ihre Eltern zu Besuch kamen.
Marens Eltern waren sehr nett und sprachen auch ein wenig mit mir. Trotzdem fühlte ich mich allein. Ich vermißte meine Eltern sehr. Heute war Donnerstag, sie würden erst am Sonntag kommen können.

Abends brachte Horst mir meine Astronautensuppe. Ich schaute in die Schüssel. Die Suppe hatte wieder die gleiche Farbe, nicht braun, nicht gelb.
»Ich wollte doch Erdbeergeschmack«, sagte ich enttäuscht.
»Du wirst lachen, das ist Erdbeergeschmack«, erwiderte Horst.
»Sieht genauso aus wie die mit Ochsenschwanzgeschmack.«
»Probier mal.«
Ich probierte. Nein, Ochsenschwanz war es nicht, aber Erdbeer war es auch nicht, Vanille und Schokolade erst recht nicht.
»Das schmeckt nicht nach Erdbeeren!« stellte ich entrüstet fest.
»Das steht aber auf der Packung. Ich habe die Suppe selbst fertiggemacht.«
»Sie müssen nicht alles glauben, was auf der Packung steht. Diese Suppe hier schmeckt nach Chemie und nicht nach Erdbeeren.«

»Trotzdem mußt du sie essen.«
»Okay! Auf jeden Fall ist sie besser als die mit Ochsenschwanzgeschmack. Die möchte ich nie wieder haben.«
Horst gab sich Mühe, mir die Chemiesuppe schmackhaft zu machen, indem er sagte, ich müsse nur ganz fest an Erdbeeren denken. Das tat ich, jedoch ohne Erfolg. Als noch ein Löffel übrig war, bat ich Horst, die Suppe einmal zu probieren. Doch er lehnte entschieden ab.

7

In der Nacht von Samstag auf Pfingstsonntag schlief ich schlecht. Ich war zu aufgeregt. Am Sonntag sollten meine Eltern kommen, und ich freute mich riesig darauf. Was sie wohl sagen würden? Ich hatte ihnen viel zu erzählen, und sie mir sicherlich auch.

Die Schmerzen ließen langsam nach. Jetzt reichten die Tabletten aus, um einigermaßen schmerzfrei zu sein. Ich zählte die Stunden bis zum Nachmittag. Zum Frühstück gab es wieder Astronautensuppe. Diesmal Geschmacksrichtung Vanille. Sie war wie die anderen zum Kotzen. Die Stunden krochen dahin. Dauernd schaute ich auf die Uhr. Nach der Mittagsportion meiner »Lieblingsspeise«, Geschmacksrichtung Schokolade, und einer weiteren Wartezeit klopfte es an der Tür, und meine Eltern waren endlich da.

»Hallo«, sagte meine Mutter, als sie den Kopf durch die Tür steckte.

»Hallo, da seid ihr ja endlich!« rief ich freudestrahlend.

Beide umarmten mich, und ich fühlte mich unendlich glücklich. In der Aufregung vergaßen wir, uns frohe Pfingsten zu wünschen.

»Wir haben dir 'ne Menge Sachen mitgebracht«, sagte Papa, der sich mit einer großen Tasche abgeschleppt hatte.

»Setzt euch erst mal. Wie lange bleibt ihr?«

»Wir sind doch gerade erst gekommen«, antwortete Mutti.

»Ihr sollt auch ganz, ganz lange bleiben!«

»Wir sind heute und morgen hier, dann müssen wir wieder nach Hause.«

»Oh, morgen auch noch. Das ist ja super!«

Meine Eltern setzten sich, nachdem sie Maren begrüßt hatten.
»Wie geht es dir denn?« fragte meine Mutter.
»Och, schon wieder ganz gut.«
»War die Operation schlimm?«
»Das kann man wohl sagen. Ich hatte hinterher furchtbare Schmerzen, aber die sind inzwischen auch nicht mehr so doll.«
»Die Ärzte haben uns am Telefon nicht viel gesagt«, meinte Papa.
»Die sind hier sowieso komisch. Bis auf einen Pfleger und eine Schwesternschülerin kannst du die alle vergessen«, klärte ich ihn auf.
»Behandeln sie dich schlecht?«
»Ich würde eher sagen, sie behandeln mich gar nicht, als ob ich Luft wäre. Die machen eben nur das Nötigste wie Waschen, Kämmen, Füttern, Tabletten und Spritzen geben und Bett machen. Reden tun die nicht mit mir.«
»Hört sich ja an wie im Tierheim«, sagte Papa.
»Nein, die Tiere haben es besser, die werden wenigstens ab und zu gestreichelt«, stellte ich fest.
»Na, so schlimm kann es doch nicht sein. Du übertreibst sicher.« Mutti schaute mich skeptisch an.
»Es ist so schlimm, glaub mir!«
»Wie schaut denn dein Bein jetzt aus?« fragte Papa.
»Ganz gut. Die Haut wächst langsam an. Das linke Bein habe ich noch nicht zu Gesicht bekommen, das ist noch verbunden.«
»Können wir mal sehen?«
»Ja, aber erschreckt nicht. Sieht nicht gerade aus wie aus einem Schönheitswettbewerb.«
Ich schlug die Decke zurück und gab den Blick auf mein entstelltes, aufgehängtes Bein frei.

Meine Eltern wurden blaß. Papa, der aufgestanden war, setzte sich schnell wieder hin. Mutti schaute erst das Bein, dann mich an.
»Oje, so schlimm haben wir uns das nicht vorgestellt«, meinte sie.
»Ein klein wenig schöner wird es noch«, sagte ich zuversichtlich.
»Was hast du da mitmachen müssen!«
»Findet ihr das Bein eklig?«
»Nein, das nicht. Man muß sich erst ein bißchen dran gewöhnen«, antwortete Papa schnell.
»Ich hab euch ja gewarnt. Es sieht nun mal häßlich aus. Vielleicht krieg ich 'ne Rolle in 'nem Horrorfilm.«
Nun mußten meine Eltern lachen.
»Daß du das alles so locker siehst ...«
Mein Vater schüttelte den Kopf. Er konnte es nicht verstehen. Ich war froh, daß ich wenigstens Haut auf meinem Bein hatte und möglichst bald nach Hause zurückverlegt werden konnte. Darüber, wie ich mit diesem häßlichen Ding weiterleben sollte, machte ich mir im Moment noch keine Gedanken. Es zählte nur der Augenblick. Ich freute mich, wenn ich keine Schmerzen hatte und jemand da war, mit dem ich reden konnte, der sich um mich kümmerte. Über mehr wollte ich vorerst nicht nachdenken.
Mutti begann die Tasche auszupacken. Sie hatte mir frische Handtücher und Schlafanzugoberteile mitgebracht. Mit den Schlafanzughosen konnte ich verständlicherweise immer noch nichts anfangen. Ich erzählte meinen Eltern von der Astronautensuppe.
Plötzlich zauberte Mutti ein Radio hervor.
»Ein Fernseher war uns zu schwer, deshalb haben wir dir bloß ein Radio mitgebracht. Vielleicht reicht das ja?«
Ich mußte lachen, weil ich mir vorstellte, wie mein armer

Vater sich abquälte, einen Fernseher und mehrere Taschen in den Zug zu hieven.
»Warum lachst du?« fragte er.
»Nur so. Das Radio reicht völlig aus. Danke! Damit werden wir den doofen Schwestern richtig schön auf den Geist gehen«, sagte ich und freute mich schon darauf.
Mutti gab mir einige Päckchen, die mit Geschenkpapier umwickelt waren.
»Was ist das? Wißt ihr, was da drin ist?«
»Pack's doch aus!«
Ich begann ein Päckchen aufzureißen. Ein Buch kam zum Vorschein. In dem Buch stand eine Widmung: »Werde bald wieder gesund! Deine Klassenkameraden.« Darunter hatten alle einzeln unterschrieben. Ich war gerührt.
»So gehen die mit dem Geld aus der Klassenkasse um, sobald ich weg bin«, sagte ich lachend.
»Deinen Humor hast du jedenfalls noch nicht verloren«, stellte Papa fest.
»Noch nicht, aber bald, wenn ich hier noch lange liegen muß.«
Die anderen Päckchen entpuppten sich ebenfalls als Bücher. Sie kamen von Nachbarn und Freunden. Oma schickte mir einen Briefumschlag, der fünfzig Mark enthielt.
»Was soll ich denn mit so viel Geld im Krankenhaus? Am besten, ihr nehmt einen Teil davon wieder mit. Mehr als zehn Mark brauch ich hier nicht.«
»Das haben wir uns auch gedacht, aber wir wollten es dir wenigstens zeigen.«
Von Onkel Ulrich, Papas Bruder, bekam ich ein ganz kleines Päckchen. Ein goldenes Armband war darin. Ich ließ es mir von Mutti anlegen. Es schlackerte um mein dünnes Handgelenk.

»Da muß ich noch hektoliterweise Astronautensuppe essen, bis das Armband paßt.«
»Du bist wirklich schrecklich dünn geworden. Mehr als vierzig Kilo kannst du nicht mehr wiegen.«
»Gut, daß ich so dick war. Stellt euch mal vor, der Nicole Berger aus meiner Klasse wäre der Unfall passiert. Die wär bestimmt schon tot. Die ist immer so dünn wie ich jetzt. Gott sei Dank, daß ihr das nicht passiert ist.«
»Jetzt noch das hier, dann haben wir keine Geschenke mehr«, sagte Mutti und gab mir einen Packen Briefumschläge.
»Das heißt, zu Hause haben wir noch einiges von Nachbarn und Verwandten.«
»Was denn?«
»Bonbons, Pralinen, Kekse, Schokolade, Dauerlutscher und was weiß ich noch alles. Es sind inzwischen schon zwei volle Plastiktüten.«
»Meine Güte! Die Leute denken wohl alle an mich, was? Bedankt euch in meinem Namen bei ihnen, und bestellt schöne Grüße.«
Ich zählte die Briefe, die ich in meiner Hand hielt. Es waren zwölf Stück. Ich würde sie später lesen und legte sie vorerst auf den Nachttisch.
Der Nachmittag verging viel zu schnell. Meine Eltern wollten noch mit den Ärzten sprechen und verabschiedeten sich kurz vor der Abendbrotzeit von mir. Ich war nicht traurig, denn sie würden ja am nächsten Tag wiederkommen. Am Abend las ich die Briefe. Sie waren von Nachbarn, Verwandten, Freunden und Klassenkameraden. Sogar einige Schulkameraden, die ich nur vom Sehen kannte, hatten mir geschrieben.
Daß all diese Menschen an mich dachten, machte mich sehr glücklich. Es gab mir das Gefühl, nicht allein zu sein.

Am Pfingstmontag erschienen meine Eltern sehr früh. Die Ärzte hatten ihnen erlaubt, soviel Zeit wie möglich mit mir zu verbringen, und sie durften außerhalb der Besuchszeiten kommen.
Meine Mutter fütterte mich mittags mit der Astronautensuppe, die dadurch leider auch nicht besser schmeckte.
»Probier mal!« sagte ich zu Mutti.
»Nein, ich kann dir doch nichts wegessen.«
»Feigling!«
»Na gut, ich probier sie.«
Meine Mutter ging sehr vorsichtig an die Sache heran und versuchte nur ein winziges Löffelchen. Ich war sehr gespannt, was sie sagen würde, denn normalerweise mochte Mutti alles. Sie aß sogar Joghurt, bei dem das Verfallsdatum abgelaufen war. Jetzt verzog sie das Gesicht und schüttelte sich.
»Das ist ja die reinste Chemie«, meinte sie und schaute mich bedauernd an.
Bevor ich Papa ein Löffelchen anbieten konnte, sagte er, er müsse dringend eine Zigarette rauchen gehen.
Ich dachte, daß diese Zigarette sicherlich gesünder war als die Suppe.
Mutti erzählte mir, daß die Ärzte noch nicht viel sagen konnten, nur so viel, daß die Operation planmäßig verlaufen sei.
»Ja genau, hier ist alles planmäßig«, erwiderte ich.
»Ich hatte das Gefühl, daß die sich nicht besonders gerne mit uns unterhalten haben.«
»So sind die hier. Das ist bei denen ganz normal.«
»Denk mal an Doktor Nicolai, der war ganz anders.«
»So einen wie den gibt es hier nicht. Leider!«
Papa kam wieder ins Zimmer. Er schaute erleichtert auf den leeren Suppenteller.

»Wir sollen dich von der Station und von Doktor Nicolai herzlich grüßen«, berichtete Mutti.
»Das sagst du erst jetzt? Wann hast du denn mit denen gesprochen?«
»Schwester Evi rief an und fragte im Namen aller, wie es dir ginge.«
»Wie lieb.«
»Wir sollen ihr mitteilen, wenn es was Neues über dich gibt.«
»Daß die sich noch Sorgen um mich machen? Da könnt ihr mal sehen, was nettes Pflegepersonal ist.«
»Was die für dich getan haben, ging aber schon weit über das Normale hinaus«, meinte Papa.
»Ja, das glaube ich auch. Verglichen mit hier, habe ich dort allererster Klasse gelegen.«
»Die Ärzte sagten uns gestern, daß die gute Vorarbeit im ersten Krankenhaus dein Bein gerettet hat. Hätten die das nicht jeden Tag saubergemacht und verbunden, wärst du es jetzt los«, erzählte Papa.
Ich schluckte; wie es sich mit nur einem Bein lebte, wollte ich mir lieber nicht vorstellen.
Um fünfzehn Uhr mußte ich mich schweren Herzens von meinen Eltern verabschieden.
»Ihr wollt schon gehen?« fragte ich traurig.
»Wir wollen nicht, aber wir müssen den Zug um sechzehn Uhr erreichen. Der nächste fährt erst wieder um neunzehn Uhr, und das ist einfach zu spät. Wir haben ja noch eine lange Fahrt vor uns«, sagte Papa.
»Aber sei nicht traurig. Wir kommen nächstes Wochenende schon wieder«, tröstete mich Mutti.
»Das ist noch sooo lange«, meinte ich.
»Du hast doch jetzt das Radio und die Bücher. Vielleicht geht damit die Zeit schneller rum.«
»Wenn man hier liegt, dann kriecht die Zeit. Dauernd

glotzt man auf die Uhr, und der verdammte Zeiger hat sich immer noch nicht sehr viel weiter bewegt.«
Es nützte nichts. Sie mußten gehen. Gerne hätte ich sie festgehalten, doch ich wußte, daß das nicht möglich war.
Nachdem sie sich von mir verabschiedet hatten und sich die Tür hinter ihnen schloß, hoffte ich, daß sie etwas vergessen hätten, vielleicht ihre Portemonnaies, dann hätten sie kein Geld für den Zug gehabt, aber das war reines Wunschdenken. Ich starrte lange auf die Tür, doch sie öffnete sich nicht.
»Du hast aber nette Eltern«, riß mich Maren aus meinen Gedanken.
»Ja«, sagte ich, ohne sie anzuschauen, denn ich wollte nicht, daß sie sah, wie traurig ich war.

Am Dienstag morgen kam der Chefarzt, Professor Walter, gefolgt von sämtlichen Ärzten der Abteilung, zur Visite. Alle drängten sich um mein Bett. Der Professor stellte sich mir kurz vor und unterhielt sich dann nur noch mit den Ärzten. Ich verstand kein Wort. Ich wollte etwas fragen, doch Schwester Isolde, die links neben mir stand und Anweisungen des Professors in mein Krankenblatt schrieb, brachte mich mit einem »Psst!« sofort zum Schweigen. Schwester Angelique zog die Bettdecke weg und gab somit den Blick auf mein Bein frei. Alle schauten es sich an und schwafelten weiter ihre lateinischen Lobpreisungen über die gut verlaufene Operation.
Während Schwester Angelique die Decke wieder über den Käfig legte, versammelten sich die »Götter in Weiß«, ohne mich weiter zu beachten, um Marens Bett.
Marens »Fall« wurde genauso behandelt wie meiner. Der Professor sprach nur mit den Ärzten; er hatte kein persönliches Wort für die kleine Patientin übrig.

Als der Professor mit seinem Gefolge das Zimmer verlassen und der letzte die Tür hinter sich geschlossen hatte, wunderte ich mich kein bißchen darüber, daß niemand auf Wiedersehen gesagt hatte. Höflichkeit war hier nicht üblich. Nun gut, ich würde mir das merken und mir ebenfalls alle Höflichkeit abgewöhnen, bis ich wieder unter Menschen war, die damit etwas anfangen konnten.
»Sind die stur!« sagte ich zu Maren.
»Das kenne ich schon. Der Professor hat noch nie mit mir gesprochen. Wenn ich was wissen will, dann frage ich die Schwestern nach der Visite. Am besten, du machst das auch so«, riet mir Maren.
»Die meinen wohl, sie wär'n was Besseres!« brauste ich auf.
»Vielleicht mögen die keine Kinder.«
»Die wissen wahrscheinlich gar nicht, was Kinder sind.«
Maren kicherte, und ich warf ihr meinen nassen Waschlappen rüber. Er klatschte an die Fensterscheibe. Maren konnte sich vor Lachen nicht mehr halten.
»Dafür wirst du wahrscheinlich aufgehängt!« rief sie.
»Mein Bein ist schon aufgehängt!«
Wir lachten beide, und ich merkte, wie gut das tat.
Plötzlich stand Schwester Isolde im Zimmer.
»Euch scheint es ja wieder ganz gutzugehen, wenn ihr so laut lachen könnt, daß man es auf dem Flur hört«, schimpfte sie.
Uns blieb das Lachen im Hals stecken, als die Schwester den Waschlappen sah. Ohne Kommentar hob sie ihn auf und legte ihn auf mein Nachtschränkchen zurück.
»Du sollst morgen entlassen werden«, sagte sie teilnahmslos zu Maren.
»Oh, super!« rief Maren erfreut.
»Sag deinen Eltern, sie sollen sich heute nachmittag bei uns

melden!« befahl Schwester Isolde und verließ mit energischen Schritten das Zimmer.
Ich streckte ihr die Zunge raus, als sie die Tür hinter sich zugeknallt hatte.
»Blöde Ziege!« sagte ich.
»Ich werde morgen entlassen. Ich freue mich so«, tönte es von der rechten Seite.
»Und ich muß weiterhin mit diesem Drachen leben«, stellte ich verbittert fest.

Am Nachmittag wurde ich immer trauriger. Marens Mutter packte die Sachen ihrer Tochter in eine große Tasche. Alle freuten sich, nur ich hätte heulen können. Ich beneidete Maren, daß sie diesen schrecklichen Laden verlassen durfte.
Marens Mutter merkte, daß ich traurig war, und versuchte mich zu trösten.
»Du kommst bestimmt auch bald raus«, sagte sie.
»Leider nicht. Ich bin doch gerade erst operiert worden und muß hier noch liegen, bis alles verheilt ist.«
»Vielleicht bekommst du wieder eine nette Zimmergenossin.«
»Das wäre schön!«

Nachdem Maren am nächsten Morgen von ihren Eltern abgeholt worden war, lag ich allein im Zimmer und grübelte vor mich hin. Ich mußte mir Mut machen, um diesen Alptraum von Krankenhaus weiterhin zu überstehen. Wohin man blickte, sah man nur unfreundliche Menschen. Besuch bekam ich bloß am Wochenende. Schreiben konnte ich noch nicht. Mit Lesen konnte ich mir nur begrenzt die Zeit vertreiben, weil ich nicht in der Lage war, das Buch lange festzuhalten. Ich hatte einfach nicht die Kraft dazu.

Nach fünfzehn Minuten kam es mir vor, als ob das Buch zehn Kilo wiegen würde. Im Radio spielten sie immer dasselbe und rechtfertigten sich damit, indem sie es »Sommerhit« nannten. Zwischen den musikalischen Einlagen brachten sie Reportagen, die mich herzlich wenig interessierten. Zum Beispiel, wie man einen Sonnenbrand vermeiden kann, welches das schönste Urlaubsland ist oder was man der Familie zum Mittagessen kochen soll. Ich fühlte mich krank, einsam, vergessen, traurig und häßlich. Ich zerfloß vor Selbstmitleid. Wenn ich das zuließ, würde ich nie gesund werden. Also versuchte ich, nur noch an etwas Gutes zu denken; bedauerlicherweise fiel mir nichts ein. Was ich früher für gut befunden hatte, war nun schlecht. Sonnenschein liebte ich, doch jetzt erinnerte er mich nur daran, daß ich nicht draußen sein durfte, sondern hier liegen mußte, festgeschraubt an ein Bett, daß mir so unbequem wie ein Nagelbrett erschien.

Ich haßte alles, sogar meinen Teddybär, der ständig dasselbe dumme Gesicht machte. Am meisten haßte ich mich, weil ich mich in diese beschissene Lage gebracht hatte. Hätte ich nicht besser aufpassen können? Warum mußte mir das passieren? Ich war einfach zu blöd zum Radfahren! Hätte ich doch auf Papa gehört!

Als die Tür aufgerissen wurde, zuckte ich zusammen.

»Ich nehme dir jetzt den Katheter weg«, kündigte Schwester Angelique an und entfernte die Decke und den Käfig. Dann streifte sie sterile Handschuhe über und zog den Schlauch aus meiner Blase.

Es tat nicht weh, wofür ich sehr dankbar war.

»Deine Astronautensuppentage sind erst mal vorbei. Du kriegst ab heute Schonkost.«

»Was ist Schonkost?«

»Das wirst du früh genug herausfinden.«

»Schlimmer als die Astronautensuppe kann es gar nicht sein«, sagte ich, doch darüber hätte ich keine Wetten abgeschlossen.
Schwester Angelique versuchte den Urinbeutel aus der Halterung an meinem Bett zu entfernen. Der Beutel klemmte, und fast wäre er ihr aus der Hand geglitten, worüber ich mich sehr gefreut hätte. Genüßlich stellte ich mir die Schwester mit einem Wischlappen vor. Sie ging aus dem Zimmer, um den Urinbeutel wegzuwerfen. Ich lag ohne Käfig und Bettdecke da und hatte Angst, daß jemand ins Zimmer kam, der nicht zum Pflegepersonal gehörte. Vielleicht ein Angehöriger eines anderen Patienten, der sich in der Tür geirrt hatte. Dieser arme Mensch würde den Schock seines Lebens kriegen.
Glücklicherweise kam Schwester Angelique schnell zurück. Sie baute den Käfig wieder auf und richtete mein Bett.
»Gut, daß sich niemand hierher verirrt hat, während ich nicht zugedeckt war«, sagte ich zu ihr.
»Täte den Leuten gar nicht schlecht, wenn sie so was mal sehen würden. Dann wüßten sie, wie gut es ihnen geht«, erwiderte Schwester Angelique.
Hoffentlich weißt du, wie gut's dir geht, dachte ich, entsetzt über so viel Gefühlskälte.

Zum Mittagessen bekam ich die angekündigte Schonkost. Sie bestand aus Kartoffelpüree mit Rührei und schmeckte gar nicht schlecht. Ich schaffte es, die Hälfte davon zu essen. Schwester Monika fütterte mich und freute sich über meinen Appetit.
»So viel habe ich schon lange nicht mehr gegessen«, sagte ich.
»Nach der Astronautensuppe ist das hier wohl das reinste Festessen, was?«

»Das stimmt. Vielleicht habe ich deshalb den halben Teller leer gegessen.«
»Hoffentlich bleibt das so. Du mußt möglichst viel essen, damit du wieder zu Kräften kommst.«
»Früher hatte ich damit keine Probleme. Ich habe gefuttert wie ein Scheunendrescher und war ganz schön dick.«
»Davon ist nichts mehr zu sehen.«
»Wieviel ich jetzt wohl wiege?«
»Höchstens zweiundvierzig Kilo, eher weniger.«
»Dann habe ich zwanzig Kilo abgenommen.«
»Zehn mußt du mindestens wieder draufkriegen. Also halt dich ran, und iß ordentlich!«
»Ich werd's versuchen«, versprach ich.

Am Nachmittag schob Horst ein vollbepacktes Nachtschränkchen ins Zimmer.
»Hallo, wie geht's dir?« fragte er.
»Geht so«, sagte ich abwesend, denn ich starrte auf das Nachtschränkchen.
»Du bekommst eine neue Zimmergenossin«, beantwortete Horst meinen fragenden Blick.
»Wie alt ist sie denn?«
»Ungefähr in deinem Alter.«
»O toll, jetzt muß sie nur noch nett sein.«
»Das mußt du selbst herausfinden.«
Er verschwand, um die restlichen Sachen der neuen Zimmergenossin zu holen. Nachdem er alles im Schrank verstaut hatte, grinste er mich an und fragte: »Wolle mer se reilasse?«
»Ja!!!« rief ich, denn ich konnte es kaum erwarten, das Mädchen kennenzulernen.
»Na gut. Dann hol ich sie jetzt.«
»Nur nicht so lahmarschig! Beeilung! Beeilung!« feuerte ich ihn an.

»Ist ja gut, ist ja gut«, sagte er lachend und rannte aus dem Zimmer.
Kurze Zeit später schob er das Bett, in dem meine neue Zimmergenossin lag, herein.
»Ich bin Lisa«, stellte sich mir das Mädchen vor.
»Ich bin Margit.«
»Wie alt bist du?«
»Zwölf. Und du?«
»Auch. Kommst du von hier?«
»Nein. Du?« fragte ich zurück.
»Nein ...«
»Nun hört doch mal mit diesem Geschnatter auf. Man kommt sich ja vor wie auf einer Entenfarm«, unterbrach Horst unseren Redefluß.
Er stellte das Bett neben meins, dort, wo auch Marens Bett gestanden hatte. Ich schaute zu Lisa hinüber.
»Horst, könnten Sie mir einen Gefallen tun? Würden Sie mein Nachtschränkchen ein bißchen zur Wand schieben, dann kann ich Lisa besser sehen.«
Der Pfleger erfüllte mir den Wunsch.
»Ich hau jetzt ab, damit ihr euer Frage-und-Antwort-Spiel ungestört weitermachen könnt«, sagte er kopfschüttelnd.
Und das taten wir auch. Unsere Fragen sprudelten aus uns heraus. Lisa hatte viel Temperament, daß merkte man sofort. Sie konnte kaum stilliegen, und sie sprach sehr schnell. Dabei schüttelte sie ständig ihr dunkelbraunes Haar aus dem Gesicht. Sie hatte große braune Augen und eine Stupsnase, die ihrem Gesicht etwas Niedliches gab. Ich mochte Lisa auf Anhieb.
»Was hat dich denn in diesen Saftladen verschlagen?« fragte ich, nachdem ich ihr alles über mein Leiden erzählt hatte.

»Mich hat ein Hund angefallen. Er hat mir meinen linken Unterschenkel ganz schön zerfetzt. Willst du mal sehen?«
»Klar!«
Sie zeigte mir ihr linkes Bein. Der Hund hatte ihr ein Stückchen aus der Wade gebissen und den Unterschenkel mit seinen Zähnen übel zugerichtet. Auf manchen Stellen lag neue Haut, die schon gut angewachsen war.
»Das sieht ja fast wieder normal aus«, stellte ich überrascht fest. Für mich war eine verheilte Hautverpflanzung der Schlüssel zur Freiheit, der einzige Weg, um hier rauszukommen. Wenn ich bloß schon soweit wäre.
»Ja, der Haken ist nur, daß nicht alles angewachsen ist. Jetzt muß ich warten, bis das von allein zuheilt. Wenn nicht, werde ich noch mal operiert. Außerdem ist der Wadenmuskel verletzt. Die Ärzte wissen noch nicht, ob ich jemals wieder richtig laufen kann. Wahrscheinlich werde ich für den Rest meines Lebens humpeln.«
»Da haben wir was gemeinsam. Wenn ich mir mein Bein so angucke, bezweifle ich ebenfalls, daß ich damit noch normal rumhüpfen werde, geschweige denn vernünftig laufen.«
»Zeig mal!« forderte Lisa mich neugierig auf.
Ich hob die Bettdecke an der rechten Seite ein bißchen an, so daß Lisa das aufgehängte Bein sehen konnte. Hoffentlich wurde ihr nicht schlecht bei diesem Anblick.
»So ähnlich hat das bei mir zuerst auch ausgeschaut, nur daß ich den Schlamassel am Unterschenkel habe«, sagte sie bloß.
»Findest du mein Bein nicht scheußlich?« fragte ich erstaunt.
»Nö, hier gewöhnst du dich an alles. Wenn die Verpflanzung erst richtig angewachsen ist, dann ist dein Bein wieder wie neu. Glaub mir!«

Damit hatte Lisa schamlos übertrieben, doch ich war ihr sehr dankbar. Ich konnte wirklich jeden Trost gebrauchen.
»Wie lange liegst du schon hier?« fragte ich.
»Seit acht Wochen. Ich bin sofort in dieses Krankenhaus gebracht worden. Meine Eltern können nur am Wochenende kommen. Das ist vielleicht ein Mist.«
»Wem sagst du das? Mir geht's genauso.«
»Vorher hab ich mit einer alten Oma zusammengelegen, die keinen Spaß verstand und außerdem noch schwerhörig war. Ich bin richtig froh, daß sie mich jetzt zu dir verlegt haben«, meinte Lisa.
»Ich bin auch froh, daß ich nicht mehr alleine hier liegen muß«, erwiderte ich.
»Wie kommst du mit den Schwestern zurecht?« fragte Lisa.
»Überhaupt nicht. Außer Schwester Monika und Horst behandeln die mich wie eine Nummer. Geht dir das auch so?«
»Ja. Ich dachte, das würde an mir liegen, aber wenn sie bei dir genauso sind, kann es ja nicht an mir liegen. Die sind hier wirklich kalt und abgebrüht.«
»Und beschweren kann man sich nicht, weil man auf diese Leute angewiesen ist. Außerdem wüßte ich nicht, bei wem ich mich beschweren sollte. Die Ärzte sind ja genauso.«
»So ist's. Die kriegen ihren Mund noch nicht mal zum Grüßen auf.«
»Scheißladen!!!« rief ich.
»Scheißladen!!!« wiederholte Lisa inbrünstig.

Am nächsten Morgen wurden wir um halb sieben geweckt. Das war ungewöhnlich, denn normalerweise kam die Nachtschwester schon um halb sechs, um mich zu waschen. Diesmal brachte uns Frau Kuhnert die Waschschüsseln. Sie stellte sie einfach auf die Nachttische, gab uns unsere Waschlappen und wollte wieder verschwinden.

»He, ich kann mich noch nicht alleine waschen!« rief ich ihr nach.
»Obenrum wirst du's wohl schaffen, oder?« fragte sie genervt.
»Und was ist mit unten?«
»Das mache ich dann später! Jetzt laß mich in Ruhe! Die Nachtschwester hatte keine Zeit mehr, die Leute zu waschen. Wir haben unendlich viele Neuzugänge. Heute mußt du dich mal ein wenig gedulden!« schnauzte sie mich an und eilte aus dem Zimmer. Sie ließ die Tür halb offen, und jeder, der den Flur entlanglief, konnte in unser Zimmer sehen.
Eine Unverschämtheit! Was waren wir, daß sie uns so behandeln durfte? Wut stieg in mir auf. Ich nahm meinen Waschlappen und warf ihn, so kräftig ich konnte, an die Tür, die sich daraufhin so weit schloß, daß wir uns unbeobachtet waschen konnten.
»Gut gemacht«, lobte mich Lisa.
»Danke.«
»Aber du hast jetzt ein Problem.«
»Welches?« fragte ich.
»Du hast keinen Waschlappen.«
»Dann wasche ich mich eben mit einer Hälfte des Handtuchs, und mit der anderen Hälfte trockne ich mich ab. Not macht erfinderisch.«
»Doch wie willst du das nachher der Kuhnert erklären?«
»Die kann mir den Buckel runterrutschen!« sagte ich, doch im Inneren hatte ich Angst vor dem, was da auf mich zukommen würde.

Als das Frühstück gebracht wurde, standen unsere Waschschüsseln immer noch da, wo Frau Kuhnert sie hingestellt hatte. Schwester Angelique mußte erst die Schüsseln raus-

tragen, ehe sie unsere Frühstückstabletts abstellen konnte. Sie stolperte fast über den Waschlappen.
»Was ist das denn?« fragte sie gereizt.
»Mein Waschlappen!«
»Warum schmeißt du hier mit deinem Waschlappen rum?«
»Weil die Tür offenstand und ich keine Show für die Männer auf dem Flur abziehen wollte«, gab ich spitz zurück.
»Was für Männer?«
Es hatte keinen Sinn. Die Schwester wollte mich einfach nicht verstehen. Ich antwortete ihr nicht, sondern versuchte mich auf meinen Frühstücksquark zu konzentrieren.

Am späten Vormittag kam die Visite. Die Ärzte schauten sich das Loch in meiner Wade an. Ich entnahm ihrem Gespräch, daß da dringend etwas getan werden mußte.
Nach der Visite rollte Schwester Angelique einen Verbandswagen ins Zimmer. Zuerst entfernte sie die Infusion. Ich freute mich, denn nun hatte ich auch mit der rechten Hand mehr Bewegungsfreiheit. Dann schnitt sie mit einer Schere den Verband am linken Bein auf. Vorsichtig nahm sie die weißen Mullschichten ab. Manchmal zwickte es. Ich war sehr gespannt, wie mein linkes Bein ausschauen würde, und reckte den Kopf ein wenig in die Höhe. Die Wunden sahen aus wie lange rote Streifen, die ungefähr fünf Zentimeter breit waren und sich über den gesamten Oberschenkel erstreckten. Ich zählte sieben Streifen. Die Wunden waren schon fast wieder zugeheilt. Sie konnten also nicht tief gewesen sein. Mein Unterschenkel sah genauso aus wie der Oberschenkel, nur daß die Streifen dort breiter waren. Dafür gab es bloß zwei Entnahmestellen.
»Das schaut ja komisch aus«, sagte ich.

»Von den Streifen sieht man nach dem Abheilen nichts mehr. Die werden ganz hell«, erklärte Schwester Angelique.
»Aber Narben werden doch zurückbleiben, oder?«
»Kaum, weil die Haut ja nur in einer millimeterdünnen Schicht abgenommen wurde.«
»Ich laß mich überraschen«, erwiderte ich.
Mir war es ziemlich egal, ob die Streifen wieder weggingen. Auf ein paar Narben mehr oder weniger kam es jetzt auch nicht mehr an.
Nachdem die Schwester den Verband entfernt und die Wunden desinfiziert hatte, zog sie sich sterile Handschuhe an. Was wollte sie denn jetzt noch?
Sie griff nach einem Wattestäbchen und säuberte damit das Loch in meiner Wade. Je tiefer sie darin herumpulte, desto schmerzhafter wurde es. Ich schrie laut auf. Zum erstenmal bemerkte ich bei Schwester Angelique so etwas wie Mitgefühl.
»Ich muß das machen, sonst entzündet sich die Wunde. Ist gleich vorbei«, sagte sie mit beruhigender Stimme.
Sie kniff dabei die Augen etwas zusammen, so als ob es ihr ebenfalls weh tun würde.
Ich wälzte mich im Bett hin und her, bis die Schwester das mit gelblicher Flüssigkeit getränkte Wattestäbchen aus dem offenen Fleisch zog.
Das Säubern der Wunde dauerte vielleicht dreißig Sekunden, doch sie kamen mir wie Stunden vor.
Ich wischte mir die Tränen ab und lag zitternd in meinem Bett.
»Wird mir das jetzt jeden Tag bevorstehen?«
»Vielleicht nur jeden zweiten. Mal abwarten, wie es sich entwickelt«, antwortete Schwester Angelique.
»O Gott! Das ist ja schrecklich!« rief ich.

Lisa tat das unendlich leid, doch sie sagte nichts. Was hätte sie auch sagen sollen?

Am Wochenende kamen meine Eltern. Ich erzählte ihnen, was sich ereignet hatte. Sie brachten mir eine Menge Post mit. Lisa kriegte auch Besuch von ihren Eltern und ihrem kleinen Bruder. Ihr Bruder war genauso lebhaft wie Lisa. Er war drei Jahre alt und stöberte überall herum. Lisa freute sich, ihn zu sehen, denn sie hing sehr an dem kleinen Kerlchen. Als wir wieder allein waren, erzählte sie mir von den Sachen, die er in seinem kurzen Leben schon angestellt hatte.
Ich bekam immer mehr Schwierigkeiten mit dem Rücken. Ich konnte einfach nicht mehr liegen. Da ich nur auf dem Rücken liegen durfte, war das kein Wunder. Ich befand mich jetzt schon seit sechs Wochen in derselben Lage. Zwar wurde mein Rücken jeden Morgen mit einer Lotion eingerieben, aber das half nicht viel. Die Ärzte hatten Angst, daß ich mich wundliegen würde, und so schob man mir einmal am Tag einen Gummiring, der wie ein kleiner Schwimmring aussah, unter das Gesäß. Auf diesem Ring mußte ich es eine Weile aushalten. Viel Erleichterung brachte er mir nicht, aber er war auch nicht unangenehm.
Meine Eltern hatten mir außer der Post eine Jugendzeitschrift mitgebracht, die bei uns zu Hause normalerweise nicht geduldet wurde. Welch ein Fortschritt! Lisa und ich schwelgten nun in den Klatschgeschichten der Popstars. Das ließ uns für kurze Zeit unsere eigenen Probleme vergessen.
Mutti rief jeden Abend an und nahm meine »Bestellung« für das nächste Wochenende entgegen. Jeden Tag fiel mir etwas Neues ein, was sie mir mitbringen sollten. Da ich jetzt

wieder richtig essen konnte, war meine Wunschliste an Lebensmitteln ellenlang. Ich wünschte mir Schnitzel, Kekse, Gummibärchen, Bonbons, Äpfel und Erdbeeren. Ich durfte alles essen, und langsam kam ich wieder zu Kräften. Ich sah zwar immer noch spindeldürr aus, aber nicht mehr so krank wie nach der Operation.
Die Schonkost wurde ebenfalls abgesetzt. Ich sollte möglichst kalorienreich essen.
Meine Eltern hatten einen Antrag auf Privatunterricht für mich gestellt. Sobald der Antrag genehmigt war, sollte ich durch einen Privatlehrer unterrichtet werden, damit ich in der Schule nicht zu weit zurückblieb.
»Nobel, nobel!« war Lisas Kommentar.
Lisas Wunden begannen zu heilen. Ihr Entlassungstermin rückte immer näher. Davon war ich nicht begeistert. Ich wünschte ihr zwar, daß sie schnell wieder gesund wurde, doch damit war auch die Trennung von der Freundin verbunden.

Am Mittwoch meiner sechsten Krankenhauswoche kam der Chefarzt wieder persönlich zur Visite. Er betrachtete sich mein Bein von allen Seiten.
»Das sieht ja gut aus«, sagte er und schaute mich dabei an. Redete er etwa mit mir? Ich schwieg lieber, denn ich glaubte, er hätte sich vertan.
»Da sind noch ein paar offene Stellen, aber die machen wir in einer zweiten Operation zu. Dann kannst du bald wieder in das Krankenhaus zurück, in dem du zuerst warst.«
Er hatte tatsächlich mit mir gesprochen. Ich wußte nicht, worüber ich überraschter sein sollte, daß er mich angesprochen hatte oder daß ich noch einmal operiert werden mußte. Zaghaft wagte ich, ihm eine Frage zu stellen: »Wann werde ich denn operiert?«

»Anfang nächster Woche, würde ich sagen«, antwortete er und machte sich auf den Weg zu Lisas Bett.
Lisa erfuhr, daß sie am Montag in ein Krankenhaus ihrer Heimatstadt verlegt werden sollte.
Als die Ärzte weg waren, jubelte sie.
»Du hast's gut!« sagte ich traurig.
»Ach, Kopf hoch! Du hast ja gehört, so lange dauert's bei dir auch nicht mehr.«
»Aber was soll ich machen, wenn du nicht mehr da bist?«
»Ich schreib dir jeden Tag.«
»Echt? Machst du das?«
»Klar! Und jetzt freu dich gefälligst mit mir! Wenn ich erst bei uns im Krankenhaus liege, können mich meine Eltern jeden Tag besuchen. Ist das nicht irre?«
»Ja«, antwortete ich mit geheuchelter Fröhlichkeit.
»Mach das Radio an! Ich will zum zigtausendstenmal den ›Sommerhit‹ hören.«
Ich stellte das Radio an, und tatsächlich plärrte der »Hit des Jahres« aus dem Lautsprecher.
»Kannst du hellsehen?« fragte ich Lisa.
»Das war nicht schwer.«
Lisa sang lauthals mit und klatschte dabei in die Hände, bis Frau Kuhnert den Kopf ins Zimmer steckte und »Ruhe!« schrie.
»Spielverderberin!« raunte Lisa ihr nach.
»Die sollten unten im Portal ein Schild anbringen, mit der Aufschrift: ›Fröhlichkeit verboten!‹ oder ›Bitte geben Sie Ihre gute Laune an der Garderobe ab!‹. Vielleicht steht in den Krankenhausvorschriften, daß die Schwestern für jedes Lächeln im Dienst mit Lohnabzug bestraft werden«, schimpfte ich.
»So wird's sein!« segnete Lisa meine Vermutung ab.

Am späten Nachmittag betätigte ich den Klingelknopf. Wir hatten uns angewöhnt, nur dann zu schellen, wenn es gar nicht anders ging. Dies war ein Notfall, denn ich mußte dringend aufs Töpfchen.

Schwester Isolde erschien und fragte in ihrer üblichen rüden Art, was es gäbe.

»Ich brauche ein Töpfchen. Meine Blase drückt.«

»Wie? Jetzt zur Abendbrotzeit? Weißt du was? Du bist ein richtiges Schwein!« schimpfte Schwester Isolde.

Ich glaubte es einfach nicht, daß sie mich ein Schwein genannt hatte. Lisa fiel vor Schreck der Kugelschreiber aus der Hand, mit dem sie gerade ein Kreuzworträtsel löste. Wir schauten uns entsetzt an. Ich hätte heulen können. Schwester Isolde ging hinaus, um mir mein Töpfchen zu holen. Als sie wiederkam, schaute ich sie nicht an.

»Hättest du damit nicht bis nach dem Abendessen warten können?« stichelte die Schwester weiter.

Ich antwortete nicht, ich wollte nie wieder ein Wort mit dieser Person wechseln.

»Also mich stört das nicht!« erklärte Lisa bissig.

»Aber mich!« erwiderte Schwester Isolde.

»Ihr Problem«, konterte Lisa.

»Vor dem Abendessen ...«

»Sehen Sie hier irgendwo Abendessen?« schrie Lisa wütend.

»Es steht draußen!«

»Na prima, was hat das dann hiermit zu tun?«

»Ihr haltet wohl immer zusammen, was?« fragte Schwester Isolde, der wahrscheinlich keine logische Erklärung auf Lisas Frage einfiel.

Lisa und ich straften sie mit Mißachtung. Nachdem sie den Topf weggebracht hatte, schaute ich Lisa traurig an.

»Erzähl das deinen Eltern«, riet sie mir.

»Das glaubt mir doch sowieso keiner.«
»Ich bin dein Zeuge. Ich hab's mit eigenen Ohren gehört.«
»Und was meinst du, was meine Eltern dagegen tun können?«
»Keine Ahnung, aber erzählen mußt du's.«
Zum Abendessen gab es Fleischsalatbutterbrote, Tomatensalat und Tee. Ich stocherte in meinem Salat herum.
»Ich krieg nichts runter«, erklärte ich Lisa, die mich fragend anschaute.
»Mir hat es ebenfalls den Appetit verschlagen«, sagte sie, nahm eins ihrer Fleischsalatbrote und warf es in die Luft. Platschend landete es, mit dem Fleischsalat zuerst, auf ihrem Teller. Die Mayonnaisespritzer bildeten ein abstraktes Kunstwerk. Ohne lange zu zögern, tat ich es Lisa nach, mit dem Unterschied, daß ich mein Brot noch höher warf. Bei der Landung verfehlte es meinen Teller knapp und klatschte auf das Tablett. Wir kicherten. Ich räumte die Schmiererei nicht auf und schob mein Tablett weg.
»So, jetzt kann sie mich ein Schwein nennen!« sagte ich befriedigt und grunzte dabei.

Am nächsten Tag hatten wir einen solchen Hunger, daß uns der Magen knurrte. Wir dachten uns alles mögliche aus, was wir am liebsten aßen.
»Jetzt hätte ich Lust auf ein schönes Schnitzel«, schwärmte ich kurz vor dem Mittagessen.
»Ich würde am liebsten ein Stück Sachertorte essen«, meinte Lisa. »Nein, am besten gleich zwei oder drei Stücke.«
»Für eine doppelte Portion Pommes würde ich mein letztes Hemd hergeben.«
»Ohhh, Pommes mit Mayo und Ketchup! Das ist das Größte. Hättest du das bloß nicht gesagt.«
In diesem Moment kam Schwester Monika ins Zimmer, um

uns die Medikamente zu bringen, die wir vor dem Mittagessen einnehmen sollten.
»Na, was macht ihr so?« fragte sie.
»Wir haben gerade festgestellt, daß wir für eine doppelte Portion Pommes mit Mayo und Ketchup unsere Seelen verkaufen würden«, sagte Lisa mit einem verklärten Blick.
»Pommes gibt es heute bestimmt nicht zu Mittag«, erwiderte die Schwester.
»Wann hat es hier jemals Pommes gegeben?«
»Ich kann mich nicht entsinnen.«
»Womit werden wir denn heute gemästet?« fragte ich.
»Keine Ahnung. Wartet's ab!«
Als Schwester Monika kurz darauf die Tabletts mit dem Essen brachte, entpuppte sich das Menü als Spinat mit Kartoffelpüree und Rührei.
»Ach du liebe Güte«, stöhnte ich, »das ist ja für Leute, die keine Zähne mehr haben, unter dem Motto: Nur schlukken, nicht beißen!«
»Das ist nicht der Traum unserer schlaflosen Nächte!« sagte Lisa enttäuscht.
»Seid nicht traurig, morgen gibt's was Besseres«, versuchte uns Schwester Monika zu trösten.
»Da glaubst auch nur du! Morgen ist Freitag, und das bedeutet Fisch. Wenn es doch Fischfilets gäbe, aber nein, der Fisch ist gekocht, oder er wird uns als fürchterlich salziger Matjes vorgesetzt«, beschwerte ich mich.
Schwester Monika grinste, als sie das Zimmer verließ.

Am Freitag gab es tatsächlich Fischfilets mit Kartoffeln und einer hellen Soße. Wir freuten uns, daß Schwester Monika recht behalten hatte, und aßen alles auf.
Um vierzehn Uhr begann Schwester Monikas Dienst, und sie kam sofort zu uns ins Zimmer gestürmt.

Sie legte jedem ein Päckchen auf den Nachttisch.
»Was ist das?« fragte ich.
»Macht's auf!«
Wir öffneten die Päckchen und staunten nicht schlecht über je eine doppelte Portion Pommes mit Mayonnaise und Ketchup.
»Na, gibt's nun was Besseres als gestern oder nicht?« fragte Schwester Monika lachend.
Lisa und ich schauten uns an und grinsten.
»O ja!« antworteten wir und machten uns über die Pommes her.
Obwohl wir total vollgefressen waren, schmeckten sie köstlich.
Wir wollten Schwester Monika das Geld dafür wiedergeben.
»Schenk ich euch, aber nicht weitersagen.«
Wir bedankten uns und aßen zum zweiten Mal an diesem Tag alles auf. Später lagen wir schläfrig und mit leichten Bauchschmerzen im Bett. Das kommt davon ...

Am Samstag vormittag bemerkte ich ein Brennen an meinem Hintern. Ich machte Schwester Angelique, die wie jeden Tag mein Loch in der Wade säuberte, darauf aufmerksam. Ich drehte mich so weit es ging zur Seite, daß sie es sich ansehen konnte.
»Ach du liebe Güte, auch das noch!« rief sie.
»Was ist?«
»Du hast eine kleine offene Stelle am Gesäß.«
»Vom Liegen?«
»Ja. Und dabei waren wir so vorsichtig, daß das nicht passiert. Käse!«
Sie holte Frau Doktor Hockenbrink, damit die Ärztin sich die kleine offene Stelle anschauen konnte.
»Das ist nicht so schlimm. Mit Sprühverband einsprühen

und jeden Tag kontrollieren!« befahl sie der Krankenschwester. Die Dose mit Sprühverband wurde auf meinem Nachtschränkchen deponiert. Ich sollte selbst jeden Tag zweimal sprühen, was sich als recht umständliche Aktion herausstellte, doch nach kurzer Zeit hatte ich den Dreh raus.

Am Nachmittag kamen meine Eltern. Das erste, was ich ihnen erzählte, waren die demütigenden Worte, die Schwester Isolde mir an den Kopf geworfen hatte.
»Sie hat dich ein Schwein genannt?« fragte Mutti entsetzt.
»Ich kann's bezeugen!« sagte Lisa, die das Gespräch mit angehört hatte.
»Das geht zu weit!« rief Papa erbost.
»Aber was willst du dagegen machen?« fragte ich ihn.
»Der werd ich gründlich die Meinung sagen!«
»Nein, tu das nicht, sonst hab ich es hier noch schwerer, als es jetzt schon ist.«
»Aber so geht's doch auch nicht, Kind.«
»Laßt mal gut sein. Ich wollt's euch nur erzählen.«
Ich konnte meine Eltern glücklicherweise davon abbringen, mit Schwester Isolde zu reden, und wir gingen zur Tagesordnung über. Sie hatten mir wieder eine Menge mitgebracht: Bücher, Zeitschriften, Briefe, Fressalien und kleine Geschenke.
Später erzählten sie, daß Herr Kluge oft anrief, um Neuigkeiten über mich zu erfahren, die er dann an meine Klassenkameraden weitergab. Er hatte sich auch die Adresse der Klinik geben lassen, in der ich jetzt lag. Nun wollten mir alle schreiben.
»Na, da werd ich ja 'ne Menge Post bekommen«, sagte ich und freute mich schon darauf.
Ich schaute die Briefe, die sie mir mitgebracht hatten, kurz

durch. Ein Brief von Silke war dabei. Den öffnete ich sofort. Sie schrieb, daß es ihr schon wieder ganz gutginge, doch daß sie schrecklich viel Schularbeiten nachzuholen habe. Sie fragte, wie es mir ginge und ob die Ärzte und Schwestern in dem Krankenhaus, in dem ich jetzt lag, auch so nett seien wie in unserem Krankenhaus, was mir ein böses Lachen entlockte. Sie hätte mich gerne einmal besucht, doch als Schülerin könne sie sich so eine weite Zugfahrt nicht leisten. Als Trost schickte sie ein Foto von sich mit.

Die liebe Silke, die mir in den ersten Krankenhauswochen so nett Gesellschaft geleistet hatte. Ich freute mich sehr über ihren Brief und das Foto und beschloß, zurückzuschreiben, sobald ich konnte.

Kurz bevor meine Eltern am Sonntag nachmittag nach Hause fuhren, erzählte mir Papa, daß er schon am Mittwoch mit Onkel Ulrich wiederkommen würde. Onkel Ulrich wollte mich besuchen, und da er ein Auto hatte, bot es sich an, daß Papa mitfuhr. Das war eine gute Nachricht. Dadurch wurde die Wartezeit bis zum Wochenende nicht zu lang und der Abschied von meinen Eltern nicht so schmerzlich.

Am Montag, dem ersten Montag im Juni, wurde Lisa entlassen. Sie freute sich sehr, doch ein bißchen traurig war sie schon, weil ich noch im Krankenhaus bleiben mußte.
»Ach, hör schon auf!« sagte ich. »Freu dich lieber auf zu Hause!«
»Wie lange das wohl dauern wird, bis ich wieder einigermaßen laufen kann und endgültig aus dem Krankenhaus entlassen werde?«
»Keine Ahnung. Aber wenn du dich anstrengst, geht es bestimmt schneller.«

»Klugscheißer!«
»Du hast mich gefragt, also beschwer dich nicht.«
Um elf Uhr kamen die Sanitäter, die Lisa mit dem Krankenwagen in ihre Heimatstadt bringen sollten. Nun hieß es Abschied nehmen. Wir wünschten uns alles Gute und versprachen zu schreiben. Dann wurde Lisa aus dem Zimmer gerollt.
Als sie mich nicht mehr sehen konnte, weinte ich.

8

Am Nachmittag wurde ich von Schwester Monika in ein anderes Zimmer verlegt.
»Wo komme ich denn hin?« fragte ich, als sie mich über den Flur schob.
»Zu einer netten Frau, die schon sehr lange hier ist.«
Leider war das Zimmer so angeordnet wie das erste, in dem ich gelegen hatte. Die Betten standen nicht nebeneinander, sondern hintereinander, so daß ich meine Zimmergenossin nicht sehen konnte.
»Das hier ist Margit«, sagte Schwester Monika zu der Frau, nachdem sie mein Bett an seinen Platz gebracht hatte.
»Ich bin Frau Lorenz«, stellte sich die Frau vor.
Als wir allein waren, fragte ich Frau Lorenz nach ihrer Krankengeschichte.
»Ich habe mich bei der Arbeit mit heißem Fett verbrannt. Ich muß wohl in der Hektik an den Stiel der Pfanne gekommen sein, die auf dem Herd stand. Die Pfanne fiel runter, und das Fett spritzte auf meine Beine.«
»Oje, das hört sich sehr schmerzhaft an.«
»Es tat höllisch weh.«
»Sind Sie Köchin von Beruf?«
»Ja.«
»Ich hatte auch einen Unfall.«
»Was hast du denn abgekriegt?«
Ich erzählte ihr die Geschichte, sie hörte zu und schwieg.
»Wie lange liegen Sie denn schon hier?« fragte ich.
»Fast fünf Monate.«
»Ach du liebe Güte!« rief ich entsetzt.

»Diese verdammten Verbrennungen wollen einfach nicht heilen. Die Ärzte sagen, daß Verbrennungen mit Fett am schlechtesten heilen und ich Geduld haben müsse.«
»Geduld – ein schreckliches Wort«, seufzte ich.
Frau Lorenz lachte.
»Schade, daß wir uns nicht sehen können«, sagte ich.
»Ja, schade«, stimmte Frau Lorenz mir zu.

Am nächsten Morgen brachte mir eine Schwester, die ich noch nicht kannte, Post von meinen Klassenkameraden. Es waren siebzehn Briefe.
»Bekommst du immer so 'ne Menge Post?« fragte die Schwester.
»Nein, das ist das erstemal.«
»Ich bin Schwester Rita. Wir kennen uns noch nicht.«
»Ich bin Margit.«
Frau Lorenz kannte Schwester Rita, und ich entnahm ihrem Gespräch, daß die Schwester gerade aus einem dreiwöchigen Urlaub zurückgekehrt war. Sie hatte ihre Ferien in Schweden verbracht und schwärmte in den höchsten Tönen von diesem Land.
Schwester Rita war höchstens fünfundzwanzig. Sie sah sehr hübsch und gepflegt aus. Man fragte sich bei ihrem Anblick unweigerlich, warum sie Krankenschwester und nicht Fotomodell geworden war.
Ich schaute meine Briefe durch und wußte nicht, welchen ich zuerst öffnen sollte.
Schließlich riß ich den erstbesten auf und begann zu lesen. Es dauerte eine ganze Weile, bis ich alle Briefe gelesen hatte. Der längste war von Nicole – sie schrieb acht Seiten. Auf jeder Seite klebten bunte Lackbilder. Die anderen Klassenkameraden schickten mir Witze. Carlo hatte eine Zeichnung beigelegt, die ihn selbst darstellte. Viele beklag-

ten sich über die letzte Mathearbeit und die Unmengen von Hausaufgaben.
Die Frage: »Hast du ein Fernsehgerät im Zimmer?« wurde am häufigsten gestellt.
Ich erfuhr viele neue Ereignisse aus der Schule. Keiner hielt sich mit Klatsch und Tratsch zurück.
Plötzlich wurde die Tür aufgerissen. Frau Doktor Hockenbrink erledigte die Visite wie immer im Eiltempo. Sie schleuderte die Bettdecke weg und schaute sich meine Hautverpflanzung an.
»Das sieht ganz gut aus«, sagte sie und betrachtete die noch offenen Stellen. »Gut, alles klar! Der zweiten Operation steht nichts mehr im Wege. Notieren Sie das!« wies sie Schwester Isolde an, die die Krankenmappen trug.
Die Ärztin warf die Bettdecke nur notdürftig über den Käfig, so daß ich durch den Tunnel, den der Käfig bildete, geradewegs zu Frau Lorenz sehen konnte.
Frau Lorenz war ungefähr vierzig Jahre alt und sehr dünn. Ich hatte mir eine Köchin etwas dicker vorgestellt. Ihr Gesicht war schmal und blaß. Sie sah fast zerbrechlich aus.
Die Ärztin schaute sich Frau Lorenz' Beine an. Sie schien damit nicht sehr zufrieden zu sein. Nachdem sie mit Schwester Isolde den Raum verlassen hatte, machte ich mich bei Frau Lorenz bemerkbar.
»Hallo! Ich kann Sie sehen.«
»Oh, hallo! Du bist ja genauso klapperdürr wie ich«, sagte Frau Lorenz spontan, nachdem sie durch den »Tunnel« geschaut hatte.
»Ich habe nach dem Unfall schätzungsweise zwanzig Kilo abgenommen.«
»Ja, mir geht es ähnlich. Ich habe auch nicht immer so ausgesehen.«
»Wir könnten es die Krankenhausdiät nennen und viel

Geld damit verdienen, wenn wir sie einer Frauenzeitschrift verkaufen.«
»Keine schlechte Idee«, sagte Frau Lorenz lachend.
»Der Text könnte lauten: ›Lassen Sie sich über den Haufen fahren, gießen Sie sich heißes Öl über die Beine, tun Sie alles, damit Sie ins Krankenhaus kommen! Wir garantieren Ihnen eine Gewichtsabnahme von mindestens zehn Kilo in drei Wochen!‹« scherzte ich.
»Du hast eine Riesenportion englischen Humor.«
»Was ist daran englisch?« fragte ich.
»Darunter versteht man schwarzen, makabren Humor«, erklärte mir Frau Lorenz.
»Ist das schlecht?«
»Nein, ganz und gar nicht. Ich glaube, unsere Lage ist sowieso nur noch mit makabrem Humor zu ertragen.«
»Je länger man hier liegt, desto makabrer wird es.«
»So ist es!«
Ich erzählte ihr die Geschichte mit Schwester Isolde, die mich ein Schwein genannt hatte. Frau Lorenz war entsetzt.
»Daß man hier lieblos behandelt wird, ist nichts Neues für mich, aber daß sie die Patienten beleidigen, ist wirklich die Höhe«, schimpfte die Köchin.
»Mit Ihnen geht man also auch nicht viel besser um?« fragte ich erstaunt.
»Ich habe das Gefühl, daß die mich dafür verantwortlich machen, daß meine Beine nicht heilen.«
»Ich dachte, die behandeln nur Kinder schlecht.«
»Da machen die keinen Unterschied, glaub mir.«

Am Mittwoch morgen bekam ich kein Frühstück. Als ich danach fragte, gab mir Schwester Angelique keine Antwort. Man ließ mich bis um zehn Uhr im ungewissen, dann kam Frau Doktor Hockenbrink und erklärte mir kurz, daß ich

in zwei Stunden auf dem Operationsplan stand. Ich erschrak. Heute wollten Papa und Onkel Ulrich kommen.
»Ich krieg am Nachmittag Besuch«, sagte ich weinerlich.
»Das kann ich auch nicht ändern«, erwiderte die Ärztin unfreundlich.
»Muß die Operation denn heute sein?«
»Glaubst du etwa, wir werfen den OP-Plan wieder um?«
»Werde ich nachmittags wieder wach sein?«
»Sicher!«
In den verbleibenden zwei Stunden wurde ich für die Operation vorbereitet. Schwester Angelique wusch mich noch einmal sehr gründlich, rasierte jedes Härchen aus dem Operationsgebiet, und zum Schluß bekam ich die Spritze, die mir meine Angst nahm.
Mir gefiel diese Spontanaktion überhaupt nicht.
»Warum hat man mir nicht eher Bescheid gesagt? Mein Vater und mein Onkel kommen heute zu Besuch. Ich werde wie eine lebende Leiche im Bett liegen und dummes Zeug labern. Mein Onkel hat mich nach dem Unfall noch nicht gesehen, der wird sich zu Tode erschrecken«, schimpfte ich.
»Betrachte es doch mal von der Seite: Ab heute brauche ich dich nicht mehr mit dem Wattestäbchen zu quälen. Das Loch wird zugemacht. Ist das nichts?« versuchte mich die Schwester zu beruhigen.
Die Spritze begann zu wirken; langsam wurde mir alles egal. Als man mich zum Operationssaal brachte, war ich sogar recht zufrieden mit mir und der Welt.
Im OP begann der Narkosearzt sofort mit seiner Arbeit, und ich hatte meine Ruhe.

Am Nachmittag wachte ich auf. Zuerst wußte ich nicht, wo ich mich befand. Es dauerte eine Weile, bis mir klar wurde,

daß ich wieder im Zimmer auf der Station lag. Besuch sah ich keinen. Wie spät es wohl war?
Ich fragte Frau Lorenz nach der Uhrzeit. Sie gab mir keine Antwort. Ich merkte, daß ich keinen Ton rausgekriegt hatte. Ich nahm alle meine Kraft zusammen und schrie: »Wie spät ist es?«
Keine Antwort. Vermutlich befand ich mich noch in der Übergangsphase vom Traum zur Realität. Sprechen war mir noch nicht möglich. Ich versuchte es immer wieder, bis ich nach dem zehntenmal Frau Lorenz' Stimme hörte: »Oh, bist du schon wieder wach?«
»Ja«, murmelte ich.
»Es ist fünfzehn Uhr.«
Fünfzehn Uhr, was war das noch mal umgerechnet? Drei, es war erst drei Uhr nachmittags. Ich freute mich, weil ich meinen Besuch nicht verschlafen hatte.
»Du bist aber schnell wieder auf dem Damm«, staunte Frau Lorenz.
»So ganz wach bin ich noch nicht«, lallte ich.
Nach einigen Minuten wurde meine Umgebung klarer und deutlicher. Die Augen fielen mir nicht mehr dauernd zu, und mein Gehirn schien einigermaßen normal zu arbeiten. Ich schaute unter die Bettdecke. Die Ärzte hatten neue Haut auf die offenen Wunden gelegt und das verdammte Loch in der Wade zugenäht. Ich fragte mich, wo sie die Hautlappen, die sich jetzt auf meinem rechten Oberschenkel befanden, rausgeschnippelt hatten. Mein linkes Bein konnte unmöglich als Ersatzteillager benutzt worden sein. Dort befand sich keine einzige Stelle mehr, die für eine Verpflanzung groß genug gewesen wäre.
Neugierig suchte ich mein linkes Bein ab, doch da schien alles wie vorher zu sein. Ich sah an meinem rechten Unterschenkel einen Verband. Dort hatten sich die Ärzte also

bedient. An meinem rechten Arm war eine Infusion angeschlossen. Aus der Infusionsflasche tröpfelte gerade der letzte Rest in die eiförmige Verdickung des Schlauchs.
Ich klingelte. Schwester Rita erschien.
»Die Infusion ist zu Ende«, sagte ich und deutete auf die Flasche.
»Alles klar! Geht's dir gut?« fragte Schwester Rita.
»Es geht so.«
»Hast du Schmerzen?«
»Nein, bis jetzt nicht.«
Schwester Rita stellte die Infusion ab und entfernte die Nadel aus meiner Ellenbeuge.
»Sind mein Vater und mein Onkel schon dagewesen?«
»Nein.«
In diesem Moment klopfte es, und mein Besuch betrat das Zimmer. Schwester Rita grüßte kurz und sagte: »Bitte nicht so lange bleiben.«
Mein Vater, der von der Operation keine Ahnung hatte, schaute die Schwester verständnislos an.
»Margit ist gerade operiert worden«, erklärte Schwester Rita und ließ uns allein.
»Du bist heute operiert worden?« fragte Papa überrascht.
»Ja, um zwölf Uhr. Ich bin noch nicht lange wach«, antwortete ich müde.
Onkel Ulrich begrüßte mich. Ich bemerkte, daß er erschrak, als er mich sah.
»Mein Gott, bist du dünn geworden«, sagte er.
»Radikaldiät«, murmelte ich.
»Wann haben die dir denn gesagt, daß du operiert wirst?« wollte Papa wissen.
»Zwei Stunden davor. Es tut mir leid, aber ich konnte euch nicht mehr anrufen. Jetzt bin ich total bematscht. So'n Scheiß. Ich hatte mich so auf euren Besuch gefreut.«

»Wie geht's dir denn?« fragte Papa.
»Geht so, nur müde bin ich. Wie immer nach einer Narkose.«
»Das hätten die auch eher sagen können!«
»Jetzt hab ich's hinter mir.«
»Ja, wenigstens etwas!«
»Onkel Ulrich, es tut mir leid, daß ich heute nicht fit bin«, entschuldigte ich mich.
»Ist doch nicht so schlimm, Hauptsache, es geht dir bald besser«, meinte Onkel Ulrich.
Meine Blase machte sich bemerkbar, ich klingelte, und als Schwester Rita mir das Töpfchen brachte, mußten die Männer auf dem Flur warten.
Die Krankenschwester wollte mir den Topf unter mein Gesäß schieben, aber als ich mich mit dem linken Bein abstützte, um mein Becken anzuheben, durchfuhr mich ein irrsinniger Schmerz unterhalb des rechten Knies. Ich schrie auf.
»Was ist denn?« fragte Schwester Rita.
»Mein Bein tut so weh!« jammerte ich.
»Wo denn?«
»Dort, wo sie das Loch in der Wade zugenäht haben.«
»Ach Quatsch, das kann doch gar nicht sein.«
»Glauben Sie mir etwa nicht?«
»Nein, das kann überhaupt nicht weh tun.«
»Tut es aber!«
»Komm, jetzt stell dich nicht so an, und heb dein Becken hoch.«
Ich versuchte es, aber es tat zu weh. Dennoch schaffte es Schwester Rita, mir den Topf unterzuschieben. Der Schmerz dauerte nun an. Ich heulte. Die Schwester glaubte mir kein Wort. Nachdem sie das Töpfchen wieder abgeholt hatte, durften mein Vater und Onkel Ulrich ins Zimmer

zurück. Sie hatten mein Geschrei bis auf den Flur gehört. Beide sahen sie jetzt blaß und schockiert aus.
»Hast du Schmerzen?« fragte Papa besorgt.
»Wenn ich normal liege, nicht, aber wenn ich mich ein bißchen bewege, dann ist es, als ob mir einer mit dem Messer in die Kniekehlen stechen würde, direkt in den Nerv.«
»Was sagt die Schwester?« fragte Onkel Ulrich.
»Die glaubt mir das nicht. Sie meint, daß könne überhaupt nicht sein.«
»Gegen die Schmerzen muß man doch etwas tun.«
»Vergiß es!« sagte ich zu Onkel Ulrich.
Papa erzählte mir, daß sie meine Schreie auf dem Flur gehört hatten und Schwester Rita baten, mir ein Schmerzmittel zu geben. Schwester Isolde hatte das gehört und gesagt: »Da müssen wir erst einen Arzt fragen. Außerdem, was tun Sie hier überhaupt am Operationstag? Konnten Sie nicht an einem anderen Tag kommen?«
Onkel Ulrich hatte versucht, sich zu verteidigen, indem er erwiderte, daß sie nichts von der Operation gewußt hätten, doch Schwester Isolde hatte sich schon umgedreht und war in ihrem Schwesternzimmer verschwunden.
»So eine Unverschämtheit!« empörte sich Frau Lorenz, die Papas Bericht gehört hatte.
»Jetzt hast du's mal selbst erlebt, wie's hier zugeht«, sagte ich zu meinem Vater.
Ziemlich deprimiert fuhren Papa und Onkel Ulrich nach Hause.
Mein Abendessen bestand aus einer Schüssel Astronautensuppe, die mir Schwester Rita auf den Nachttisch stellte.
»O nein, warum krieg ich denn wieder dieses Zeug?«
»Ist ja nicht lange, nur heute und morgen, weil du nach der

Operation nicht gleich wieder was Festes zu dir nehmen sollst.«
»Reine Schikane!« zischte ich.
Schwester Rita hörte es nicht.

Am nächsten Tag ließen die Schmerzen etwas nach. Immer wieder versuchte ich mich anzuheben. Langsam entwickelte ich eine Technik, die mir am wenigsten weh tat.
Abends rief meine Mutter an. Sie klang besorgt, Papa hatte ihr vermutlich haarklein berichtet, was am Vortag passiert war.
Ich erzählte ihr, daß es mir schon besserging, und sie beruhigte sich ein wenig. Ich gab ihr meine Wünsche für das kommende Wochenende durch.
»Ich hab gestern und heute nur Astronautensuppe gekriegt, ab morgen darf ich wieder alles essen. Du glaubst gar nicht, was ich für einen Hunger habe.«
Das beruhigte meine Mutter völlig, denn wenn ich Hunger hatte, mußte es mir schon bessergehen.
»Was möchtest du denn?« fragte sie lachend.
»Wie immer: Schnitzel, Schokolade, Äpfel ...«
»Und Erdbeeren!« hörten wir plötzlich eine fremde Stimme in der Leitung.
»Was war denn das?« fragte Mutti erstaunt.
»Keine Ahnu ...« Entsetzt hielt ich inne; ich kannte diese Stimme.
Sie gehörte Horst, der mich auf diesem Weg warnen wollte. Ich wußte nun, daß die Telefongespräche abgehört wurden. Schnell gab ich den Rest meiner Wünsche durch und verabschiedete mich von meiner Mutter. Ich würde ihr erst am Wochenende von meinem Verdacht berichten.
Es klopfte.
»Herein!« riefen Frau Lorenz und ich gemeinsam.

Es klopfte wieder.
»Herein!« riefen wir etwas lauter.
Es klopfte noch einmal.
»Herein!!!« schrien wir.
Die Tür ging auf, und Horst kam ins Zimmer.
»Warum schreit ihr denn so?« fragte er scheinheilig.
»Das ist ja zum Totlachen«, sagte ich spöttisch.
»Das werden wir uns merken«, drohte Frau Lorenz.
Horst schaute sich mein Bein an und wollte wissen, ob ich irgend etwas brauche.
»Erdbeeren«, flüsterte ich.
Er grinste, zwinkerte mir zu und ging.

Am Freitag bekam ich Post von Lisa und von Schwester Evi. Lisa schrieb, daß es ihr jeden Tag besserginge. Sie berichtete kurz von ihrem jetzigen Krankenhaus: »Die Schwestern scheinen Engel zu sein. Sie sind so nett und herzlich, ich kann's gar nicht fassen. Die Ärzte erklären mir genau, was mit mir ist und was noch gemacht werden soll. Kannst du das glauben? Ich bin so etwas gar nicht gewohnt. Ich komme mir vor wie im siebten Himmel.«
Schwester Evi schrieb, daß sich alle schon auf mich freuen. Sie wollte dafür sorgen, daß ich wieder auf dieselbe Station kommen würde. »Hoffentlich bist du bald soweit, daß du zurückverlegt werden kannst. Wir drücken dir die Daumen. Ißt du denn jetzt wenigstens ordentlich oder immer noch so wenig wie bei uns?« fragte sie.
Das gesamte Personal der Station ließ mich herzlich grüßen, Schwester Evi hatte jeden einzeln aufgeführt. Wenn ich doch bloß schon dort wäre!

Meine Eltern kamen am Wochenende. Ich erzählte ihnen von den abgehörten Telefongesprächen.

»Dann müssen wir in Zukunft vorsichtig sein mit dem, was wir sagen.«
»Ach Mutti, dazu ist es jetzt auch zu spät. Überleg doch mal, was ich dir schon alles am Telefon erzählt habe. Wie beschissen ich es hier finde, wie blöd die Schwestern sind und so weiter. Wenn die das alles mitgehört haben, na schönen Dank auch!«
»Zu dumm, daß wir nicht beweisen können, daß sie das Telefon abhören«, meinte Papa.
»Nun mach daraus mal keine Spionagegeschichte. So wichtig ist das auch nicht. Die behandeln mich hier so oder so mies.«
»Mir behagt der Gedanke trotzdem nicht, daß andere meine Telefongespräche mithören«, sagte Mutti trotzig.
»Was wünscht du dir eigentlich zum Geburtstag?« fragte mein Vater.
Geburtstag? Ja richtig, den hatte ich fast vergessen. Am 14. Juni wurde ich dreizehn. Was war denn heute für ein Datum? Ich versuchte mich zu erinnern. Heute war der 8. Juni, dann hatte ich schon am nächsten Samstag Geburtstag.
»Ich wünsche mir, daß ich hier so schnell wie möglich weg kann.«
»Das liegt leider nicht in unserer Macht.«
»Was darf ich mir denn wünschen? Was Teures?«
»Von mir aus. Wenn's nicht gerade ein neues Fahrrad ist«, sagte mein Vater.
»Nee, ich glaube, das lasse ich erst mal.«
»Erst mal ist gut. Ich werde es zu verhindern wissen, wenn du dir noch mal ein Fahrrad kaufen willst.«
»Wie soll ich auch radfahren, wenn ich noch nicht mal laufen kann!«
»Was wünscht du dir denn nun?« mischte sich Mutti in

unser Gespräch, bevor es zu einem Streitgespräch ausarten konnte.
»Wünschen kann ich doch, soviel ich will, oder?«
»Klar!«
»Gut, dann wünsche ich mir eine Gitarre, ein Zwergkaninchen, Bücher, einen Plattenspieler, einen Radiorecorder...«
»Halt! Moment mal, nicht so schnell«, unterbrach mich meine Mutter.
»Du hast gesagt, wünschen könnte ich mir, soviel ich wollte.«
»Aber langsam, zum Mitschreiben.«
Ich zählte eine endlos lange Liste an Sachen auf, die ich schon immer gerne haben wollte. Diese Freigebigkeit mußte sofort ausgenutzt werden. Ich wußte, daß ich nicht alles bekam, aber wenn Papa schon sagte, daß es ruhig teurer sein dürfe, dann auch richtig.
Auf das nächste Wochenende freute ich mich sehr. Was sie wohl aus meiner Wunschliste ausgesucht hatten?

Im Laufe der Woche fielen mir noch etliche Dinge ein, die ich vergessen hatte, auf die Liste zu setzen.
Ich konnte es bis zum Samstag kaum erwarten. Die Zeit verging mal wieder überhaupt nicht, wie immer, wenn man auf etwas wartet. Ich versuchte mich mit Lesen und Schreiben zu beschäftigen. Ich las einen Liebesroman in Heftchenform. Der Vorteil daran war, daß er nicht zu schwer war, weder an Gewicht noch an Inhalt.
Am Mittwoch vormittag kam der Chefarzt zur Visite. Mein Liebesroman lag auf dem Nachtschränkchen. Als der Professor die Lektüre sah, schüttelte er vorwurfsvoll den Kopf.
»Du solltest besser in deine Schulbücher gucken, anstatt Liebesromane zu lesen«, meinte er.

»Die kann ich noch nicht lange festhalten«, redete ich mich raus und deutete auf meine dünnen Unterarme.
Die anwesenden Ärzte grinsten.
»Wie alt bist du eigentlich? Darfst du so was überhaupt schon lesen?« fragte der Professor.
»Ich werde dreizehn«, berichtete ich stolz.
»Na, dann ist ja alles klar«, erwiderte er zynisch.
Während er sich zu Frau Lorenz umdrehte, sagte er zu einem der Oberärzte: »Was die jungen Leute heute schon für Flausen im Kopf haben. Das hätten wir uns mal erlauben sollen!«
Der junge Oberarzt nickte halbherzig.

Schwester Monika erzählte mir nach der Visite, daß sich der Professor recht positiv über den Heilungsverlauf meines Beins geäußert habe. Ich schöpfte Hoffnung, daß ich bald verlegt wurde.
»Wie lange wird es noch dauern, bis ich nach Hause darf?«
»Oh, daß kann ich dir nicht sagen. Es hängt davon ab, wie gut die Verpflanzungen weiterhin heilen«, antwortete Schwester Monika.
»Sag doch mal ungefähr«, drängte ich sie. »Noch drei Wochen?«
»Nee, so lange sicher nicht mehr.«
»Zwei Wochen?«
»Jetzt gib Ruhe, ich bin doch kein Arzt!«

Im Laufe meiner achten Krankenhauswoche schrieb ich drei Briefe, einen an Silke, einen an Lisa und einen langen an meine Klassenkameraden.
Das Schreiben fiel mir sehr schwer. Meine Schrift sah scheußlich aus. Immer wieder mußte ich den Bleistift absetzen, weil mir die Kraft fehlte, den Schreibblock zu halten.

Bei dem Brief an meine Klassenkameraden gab ich mir besonders viel Mühe. Vielleicht bekam ihn ein Lehrer in die Finger, der mir für die Schrift gleich eine Sechs verpaßte. Ich schrieb:

Hallo, Ihr Lieben,
ich will Euch auch mal wieder schreiben. Zunächst möchte ich mich für Eure netten Briefe bedanken. Ihr glaubt gar nicht, wie ich mich freue, wenn ich Post von Euch bekomme. Ich bin am letzten Mittwoch zum zweitenmal operiert worden, denn ich hatte noch ein mittelgroßes Loch in der Wade. Das haben die Ärzte zugenäht. Dann haben sie auch noch ein bißchen Haut verpflanzt, da, wo die Haut bei der ersten Verpflanzung noch nicht angewachsen war. Als mir die Ärzte morgens sagten, daß ich mittags um zwölf operiert werde, habe ich, wie Ihr Euch vielleicht denken könnt, ganz fürchterliche Angst gehabt. Die Operation hat eine Stunde gedauert. Ich hoffe, es interessiert Euch. Um noch mal auf die Briefe zurückzukommen, in den meisten stand die Frage: ›Hast Du einen Fernseher im Zimmer?‹ Nein, ich habe keinen, und nun werdet Ihr Euch wundern: Ich vermisse ihn kein bißchen. Toll, was? Hier im Krankenhaus werden wir um halb sechs geweckt. Was sagt Ihr dazu? Gemein, was? Dann bin ich noch richtig müde. Ich liege jetzt schon siebeneinhalb Wochen im Krankenhaus. Wenn die Ärzte sagen, ich kann nach Hause, dann mache ich bestimmt einen Luftsprung bis unter die Decke. Na ja, so hoch wohl nicht. Mein Bein sieht auch ganz ansehnlich aus. Aber den Nagel habe ich immer noch im Knie, doch das ist nicht schlimm.

Ich muß jetzt Schluß machen, weil mir das Schreiben noch ein bißchen Schwierigkeiten bereitet. Aber für Euch tue ich alles.

Es grüßt Euch und die Lehrer
Eure Margit

P.S. Schreibt mal wieder!!!

Silke und Lisa schrieb ich ungefähr dasselbe, nur in kürzerer Form, weil ich einfach nicht mehr konnte. Ich ärgerte mich sehr, daß mir die kleinsten Tätigkeiten, wie das Briefeschreiben, so schwerfielen. Ich hätte gerne noch einen Brief an Susann und Tommy geschrieben, doch daran war gar nicht zu denken. Also las ich meinen Liebesroman weiter und wartete, daß die Zeit verging.

Endlich war es Samstag. Am Vormittag bekam ich sieben Glückwunschkarten. Auf einem Umschlag stand: »An das Geburtstagskind Margit Mertens«, und dadurch erfuhren die Schwestern, daß ich Geburtstag hatte. Ich wollte ihnen eigentlich nichts davon sagen.
Jede Schwester, die das Zimmer betrat, gratulierte mir, sogar Schwester Isolde, die sich dabei trotzdem kein Lächeln abringen konnte. Mir war's egal, nichts vermochte mich an diesem Tag aus der Ruhe zu bringen.
Meine Eltern trafen am frühen Nachmittag mit Blumen und Geschenken ein. Sie gratulierten mir herzlich, und dann wurden die Taschen und Pakete ausgepackt. Ich bekam einen ganzen Haufen Briefumschläge mit Gutscheinen für Sachen von Verwandten, Nachbarn und Freunden, die meine Eltern nicht mitbringen konnten.
Das größte Paket war von meinen Klassenkameraden.

Mutti mußte mir beim Auspacken helfen. Zum Vorschein kam ein riesiges grünes Stofftier. Es ähnelte einer Kuh. Man konnte es prima als Kopfstütze benutzen. Die Mutter einer Mitschülerin hatte es selbst genäht. Ich fand das Tier einfach fabelhaft. Außerdem war ein großes teures Buch in dem Geburtstagspaket meiner Klassenkameraden. Ich freute mich sehr und staunte, wie lieb und teuer ich ihnen war.

Nun war ich gespannt, was meine Eltern für mich hatten.

»Na, wo ist das Karnickel?« fragte ich frech.

»Tiere sind im Krankenhaus verboten«, meinte Papa. »Deshalb haben wir dir erst mal ein kleines Büchlein über Zwergkaninchen mitgebracht. Wenn du zu Hause bist, kriegst du eines«, versprach meine Mutter und gab mir das liebevoll verpackte Buch.

Papa zog einen Umschlag aus seiner Jackentasche.

»Hier ist noch ein Geschenk«, sagte er und reichte ihn mir. Ich riß ihn hastig auf; darin befand sich die Abbildung einer Konzertgitarre. Papa hatte die Klampfe aus einem Prospekt ausgeschnitten.

»Ich krieg diese Gitarre und ein Zwergkaninchen?« fragte ich ungläubig.

»Ja.«

»O danke! Das ist ja riesig!« rief ich freudestrahlend.

So viel hatte ich nicht erwartet. Das war ja wie Weihnachten und Ostern an einem Tag.

Wir feierten mit Orangensaft und einem Marmorkuchen, zu dem wir Frau Lorenz ebenfalls einluden. Sie freute sich über den Kuchen, den meine Mutter selbst gebacken hatte.

»Der schmeckt doch viel besser als dieser olle Pappkuchen, den wir hier immer kriegen«, sagte sie, während sie sich das zweite Stück schmecken ließ.

»Allerdings!« stimmte ich ihr mit vollem Mund zu.

Vor dem Einschlafen dachte ich über den Tag nach. Obwohl ich im Krankenhaus feiern mußte, hatte ich einen schönen Geburtstag gehabt. Nie zuvor bekam ich so viele Geschenke. Aber das war es nicht allein, was mich so glücklich machte. Die Tatsache, daß ich das dreizehnte Lebensjahr überhaupt erreicht hatte, war mein größtes Geschenk. Darauf konnte ich stolz sein.

Am Montag war es dann soweit. Frau Doktor Hockenbrink schaute sich die zweite Verpflanzung an und schien sehr zufrieden damit zu sein.
»Am Mittwoch kannst du in das Krankenhaus, in dem du zuerst warst, zurückverlegt werden«, sagte sie trocken, ohne irgendeine Ahnung zu haben, was das für mich bedeutete.
»Jetzt Mittwoch, übermorgen schon?« fragte ich atemlos.
»Ja.«
Ich stieß einen Freudenschrei aus. Die Ärztin blickte mich entgeistert an. Ich wäre ihr am liebsten um den Hals gefallen, obwohl ich sie nicht leiden konnte. In diesem Moment wäre ich sogar Schwester Isolde um den Hals gefallen, so glücklich war ich.
»Frau Lorenz!« rief ich. »Haben Sie gehört, ich komm raus!«
»Herzlichen Glückwunsch!« sagte Frau Lorenz, sich mit mir freuend. »Das war wohl noch ein verspätetes Geburtstagsgeschenk, was?«
»Ein Supergeschenk!« jubelte ich. Mein Herz klopfte wie verrückt, ich war schrecklich aufgeregt.
Ich durfte wieder nach Hause! Ich freute mich auf Onkel Otto, auf Schwester Evi, auf Doktor Nicolai, einfach auf alle. Meine Eltern konnten mich jeden Tag besuchen. Ich würde Susann, Thommy, Silke und meine Klassenkameraden endlich wiedersehen. Was für ein Wahnsinn!

Jedem, der ins Zimmer kam, erzählte ich die Neuigkeit, ob er sie hören wollte oder nicht. Ich war völlig aus dem Häuschen. Horst brachte mir ein Telefon.
»Hier! Jetzt ruf endlich bei deinen Eltern an, und sag es ihnen. Das geht auf Kosten des Hauses, aber beeil dich!«
Ich gab die Nachricht schnell durch, während Horst die Tür bewachte, damit uns niemand erwischte. Nachdem ich mit Mutti gesprochen hatte, wurde ich ruhiger. Jetzt wußten es alle, die es wissen mußten.

Nachmittags um vier wurde ich mit meinem Bett in einen Verbandraum geschoben, in dem alle möglichen medizinischen Geräte standen.
»Was soll ich hier?« fragte ich Frau Kuhnert, die mich gerade verlassen wollte.
»Wirst du schon sehen!«
Nach ein paar Minuten kam ein Arzt, den ich nicht kannte. Er sah nett aus, war groß und kräftig und hatte auffallend strahlende Augen, die vermutlich schon viel Schreckliches gesehen hatten, ohne dabei ihren Glanz zu verlieren.
»Ich ziehe dir jetzt die Nägel aus dem Bein«, erklärte er mir ruhig, während er mein Krankenblatt studierte.
»Nägel?« fragte ich entgeistert, weil ich nur einen gesehen hatte.
»Ja. Es sind zwei. Einer im Knie und ein anderer unterhalb des Fußgelenks. Hast du den nicht bemerkt?«
»Nein. Ich dachte, es wäre nur einer im Knie. Den im Fuß konnte ich ja nicht sehen.«
»Also, geh'n wir's an!« sagte er und rieb sich die Hände.
»Tut das weh?« fragte ich ängstlich.
Ich stellte mir die Prozedur unendlich schmerzhaft vor.
»Nicht mehr als Zähneziehen«, antwortete der Doktor mit einem Lächeln.

»Das halte ich locker aus!«
Er nahm die Decke und den Käfig weg, zog sterile Handschuhe an und bepinselte die Hautstellen um die Nägel mit einer schrill rosafarbenen Desinfektionslösung. Dann rief er eine Schwester, die mein Bein festhalten sollte. Die Schwester kannte ich ebenfalls nicht; sie mußte neu sein, denn sie stellte sich unheimlich dämlich an. Sie wußte nicht, wo sie mein Bein festhalten sollte. Der Doktor zeigte es ihr, ohne sich über ihre Unkenntnis aufzuregen.
Als die Schwester mein Bein fixiert hatte, schraubte der Arzt die Bügel ab. Das Bein wurde auf eine keilförmige Stütze aus Schaumgummi gelegt. Er nahm eine Zange, welche sich kaum von den Zangen unterschied, die mein Vater in seiner Werkzeugkiste aufbewahrte, und griff damit das vorstehende Ende des Nagels.
Die Schwester stützte mein Knie gegen die Zugrichtung ab. Der Doktor hielt die Zange mit beiden Händen fest und stemmte sich mit seinem linken Fuß gegen den Bettrand. Jetzt zog er so fest er konnte an dem Nagel. Ich hörte ein ekelhaftes knirschendes Geräusch. Stolz präsentierte er mir den ersten Nagel.
»Schon raus?« fragte ich, immer noch auf den großen Schmerz wartend.
»Hier ist er, Madame!« Der Doktor hielt mir den Nagel direkt vor die Augen.
»Das tat ja überhaupt nicht weh!« sagte ich staunend.
Die Entfernung des zweiten Nagels, den ich nun zum erstenmal sah, ging genauso schmerzfrei vonstatten.
Es zwickte ein wenig, weil die Haut an dem dünnen Metallstift festgewachsen war, doch das störte mich nicht.
»Das ham Sie aber gut gemacht!« lobte ich den jungen Arzt.
»Hab ich schon tausendmal gemacht. Ist keine große Sache«, winkte er ab.

Die Schwester desinfizierte die vier kleinen Löcher mit der rosafarbenen Lösung.
»Poppige Farbe!« sagte ich fröhlich.
»Hm?« fragte sie.
»Das Mittel, das Sie da draufschmieren.«
»Ach so! Ja, ist 'ne tolle Farbe, hat nur einen Nachteil: Wenn man es auf den Kittel kriegt, kann man ihn wegschmeißen. Das Zeug geht nicht wieder raus«, sagte sie lachend.
Sie nahm den Verband an meinem rechten Unterschenkel ab und desinfizierte die Stellen ebenfalls, diesmal mit einer klaren Flüssigkeit, die sie aufsprühte.
Der Doktor verabschiedete sich, nachdem er sich die Entnahmestellen angesehen hatte.
»So, jetzt hast du's geschafft«, sagte die Schwester und fuhr mir mit ihrer Hand durchs Haar.
Eine solche Geste war ich gar nicht mehr gewohnt. Schade, daß diese Schwester keinen Dienst auf der Station machte. Ich hätte sie am liebsten mitgenommen.
Wieder in meinem Zimmer, erzählte ich Frau Lorenz von dem zweiten Nagel.
»Das hätte ich dir sagen können«, meinte sie. »Ich habe das Ding gesehen.«
»Jetzt hab ich's geschafft! Es kann einfach nichts Schmerzhaftes mehr kommen«, sagte ich freudestrahlend.
Ich versuchte das Bein gestreckt anzuheben, doch ich bekam es keine zwei Zentimeter hoch. Es schien aus Blei zu sein. Nach ein paar vergeblichen Bewegungsversuchen bemerkte ich, daß das Bein steif war. Ich konnte es keinen Millimeter beugen.
Hoffentlich wird das wieder, dachte ich, und mir wurde plötzlich klar, daß meine Prognose über eine schmerzfreie Zukunft absolut falsch war.

Dann kam der große Tag. Am 18. Juni sollte ich verlegt werden. Die Sachen standen gepackt in einer Ecke des Zimmers. Ich konnte es kaum erwarten, daß die Sanitäter mich abholten.

Jetzt brauchten nur noch die letzten Fäden gezogen werden, dann konnte ich hier weg.

Schwester Rita schob den Verbandswagen ins Zimmer. Sie zog sich sterile Handschuhe an und begann mit dem Fädenziehen. Zuerst zog sie die Fäden an der Hüfte, dann machte sie sich an die letzten zwölf Fäden in der Wade. Schon als sie dort den ersten Faden mit der Pinzette berührte, merkte ich, daß irgendwas nicht stimmte. Und plötzlich spürte ich einen Schmerz, der mir durch den ganzen Körper ging. Ich schrie auf.

»Was ist denn?« rief Schwester Rita erschrocken.

»Das tat weh!« fauchte ich sie an.

»Gibt's doch gar nicht! Eben hast du so gut durchgehalten. Was soll jetzt das Theater?« schimpfte sie.

»Eben hat's ja auch nicht weh getan!«

»Dann kann's jetzt auch nicht weh tun. Ich mache das gleiche wie an der Hüfte, also reiß dich zusammen!«

Sie setzte ihre Arbeit unbeirrt fort und ließ mich schreien. Ich konnte den Schmerz kaum ertragen. Es war, als explodierte ein Feuerball mitten in der Wade, der sich über meinen ganzen Körper verteilte. Er schnellte durch das Gewebe meines Oberschenkels über den Rücken bis zu meinem Herzen. Dort schien er sich auszubreiten, um mein Herz zu verbrennen. Ich glaubte, es würde aussetzen, und ich müsse sterben.

Nicht jetzt, dachte ich, nicht nach allem, was du schon ausgehalten hast!

Nachdem Schwester Rita noch zwei Fäden entfernt hatte, ließ der Schmerz nach, und ich fühlte nur noch ein leichtes Zupfen.

»Jetzt tut's nicht mehr weh. Das waren nur die drei Fäden«, sagte ich erleichtert.
Die Schwester sah mich verwundert an. »Komisch! Was das wohl gewesen ist?«
Langsam schien sie mir zu glauben.
»Vielleicht war es ein angenähter Nerv«, vermutete ich.
Schwester Rita zuckte mit den Schultern.
Ich trocknete mir den Schweiß ab. Ich war völlig durchgeschwitzt.
Frau Doktor Hockenbrink erschien zur letzten Visite. Sie reichte mir einen Briefumschlag, den ich den Ärzten in meinem Krankenhaus geben sollte. Dann verabschiedete sie sich kühl.
Um elf Uhr kamen die Sanitäter, um mich abzuholen. Sie betteten mich auf eine Trage und schnappten sich mein Gepäck.
»Stop!« rief ich. »Ich muß mich noch von Frau Lorenz verabschieden.«
Die Sanitäter warteten einen Moment, und Frau Lorenz und ich wünschten uns alles Gute. Dann schoben sie mich aus dem Zimmer.
Schwester Monika kam zu mir und gab mir die Hand.
»Alles Gute, Margit.«
»Danke. Grüß bitte keinen außer Horst, ja?« bat ich sie lachend.
»Alles klar«, flüsterte sie.
Die Sanitäter schoben mich durch das halbe Krankenhaus, um zum Ausgang zu gelangen.
Ich schaute mir alles zum letztenmal an und dachte: Nie wieder werde ich hierher zurückkommen.
Als ich im Krankenwagen lag, fühlte ich mich unendlich frei.

9

Ich genoß die lange Fahrt, obwohl ich kaum etwas von der Landschaft sah.
Wolken verdeckten die Sonne; es war nur mäßig warm, eigentlich ein Tag, an dem man schwermütig wurde, doch meine gute Laune war nicht zu erschüttern.
Straßenunebenheiten und Schlaglöcher machten mir nichts mehr aus. Der Sanitäter, der neben dem Fahrer saß, schaute in regelmäßigen Abständen zu mir nach hinten und erkundigte sich nach meinem Befinden.
»Gut«, antwortete ich, »könnte nicht besser sein.«
Als der Krankenwagen die Auffahrt zum Krankenhaus erreichte und langsam in die Garage der Notaufnahme fuhr, blinzelte ein Sonnenstrahl durch die Wolken.
Die Sanitäter öffneten die Hecktür des Krankenwagens und zogen die Trage auf einen Ständer mit Rollen. Ich sah das Fenster meines ehemaligen Zimmers. Rechts daneben lag das Schwesternzimmer.
Eine Schwester – ich konnte aus der Entfernung nicht genau erkennen, welche es war – zeigte auf mich, und plötzlich stürmten alle ans Fenster, um mir zu winken.
Ich wurde, während ich wie wild zurückwinkte, ins Innere des Krankenhauses gefahren. In der Ambulanz ließen mich die Sanitäter stehen, um zunächst den Papierkram der Anmeldung zu erledigen.
Nach zwei Minuten erschien eine fremde Schwester mit einem leeren Bett.
»Guten Tag, ich bin Schwester Elvira. Du bist Margit, nicht wahr?« fragte sie mich freundlich.

»Ja.«
»Ich soll dich abholen. Du kommst auf die chirurgische Station.«
»Aber ich soll auf die Unfallstation!« sagte ich entsetzt.
»Nein, da gehörst du jetzt nicht mehr hin.«
Ich spürte die Tränen in mir aufsteigen.
»Schwester Evi hat mir geschrieben, daß ich wieder auf meine alte Station komme. Ehrlich!« widersprach ich.
Bevor Schwester Elvira etwas erwidern konnte, kam Schwester Evi im Eiltempo in die Ambulanz gelaufen.
»Hallo, da bist du ja!« keuchte sie und umarmte mich.
»Ich soll auf die Chirurgische!« erzählte ich ihr schnell.
»Das kommt überhaupt nicht in Frage! Wir haben das Einzelzimmer schon für dich klargemacht.«
»Schwester Elvira ist da anderer Meinung.«
Während Schwester Evi den Irrtum kurz und bündig aufklärte, trafen Onkel Otto und Schwester Julia mit einem Bett in der Ambulanz ein und machten somit das Chaos perfekt. Es wurde langsam eng auf dem eigentlich recht geräumigen Flur. Onkel Otto und Schwester Julia stürmten beide gleichzeitig auf mich los, um mich zu begrüßen. Schwester Elvira entschuldigte sich für den Irrtum und entfernte sich samt Bett.
Die Sanitäter standen kopfschüttelnd in der Tür zur Anmeldung; so etwas hatten sie noch nie gesehen. Sie hoben mich von der Trage ins Bett und verabschiedeten sich.
»Sonst noch was?« fragte Onkel Otto die Dame in der Anmeldung.
Sie schüttelte nur stumm den Kopf.
Onkel Otto und Schwester Julia schoben mein Bett zum Ausgang; Schwester Evi kümmerte sich um mein Gepäck.
Sie brachten mich wieder in »mein« Einzelzimmer.

»Oh, wie schön! War das Zimmer denn frei?« wollte ich wissen.
»Nein, wir haben die Dame, die hier lag, einfach rausgeschmissen«, antwortete Onkel Otto.
»Die war recht froh, rauszukommen. Sie wollte lieber mit mehreren in einem Zimmer liegen. Hier war's ihr einfach zu langweilig«, ergänzte Schwester Julia.
»Langweilig wird's mir bestimmt nicht.«
»Das kann ich mir bei dir auch nicht vorstellen«, meinte Schwester Evi lachend.
»Sagen Sie, gibt's was für mich zu essen?« fragte ich sie.
»Oh, du möchtest was essen? Das ist ja super! Klar, ich besorg dir alles, was du willst. Sag mir nur, was.«
»Ich möchte Kartoffelsalat mit gebratenem Fisch.«
»Ich werde sehen, was ich machen kann«, versprach Schwester Evi und verschwand eilig in Richtung Küche.
»Und kommen Sie mir ja nicht mit Gemüsebrühe!« rief ich lachend hinter ihr her.
Schwester Julia packte meine Sachen aus und verstaute sie ordentlich im Schrank und in meinem Nachttisch.
Langsam füllte sich das kleine Zimmer. Alle, die Dienst hatten, kamen, um mich zu begrüßen, sogar die OP-Schwestern und die OP-Pfleger. Die Nachricht meiner Anwesenheit mußte sich im Eiltempo verbreitet haben. Kein Wunder, bei dem Aufstand, den wir in der Ambulanz veranstaltet hatten.
»Nun erzähl doch mal, wie's dir ergangen ist«, forderte mich Onkel Otto auf.
Ich berichtete in Kürze über die Ereignisse und ließ auch nicht aus, wie das dortige Pflegepersonal mich behandelt hatte.
»Unverschämtheit!« sagte Herr Wagenknecht, ein OP-Pfleger.

»Hoffentlich ist dabei dein Humor nicht flötengegangen«, meinte Onkel Otto besorgt.
»Den hab ich noch, darauf kannste Gift nehmen!«
»Zeig uns doch endlich, wie dein Bein aussieht.«
Ich zog die Decke weg, und alle schauten sich meine Beine an.
»Das ist ja fabelhaft!«
»Super!«
»Wer hätte gedacht, daß sie dich wieder so gut hinkriegen!«
»Wahnsinn!« ertönte es von allen Seiten.
»Ihr tut ja gerade so, als hätte ich den ersten Preis in einer Schönheitskonkurrenz gewonnen.«
»Das ist ja auch schön«, meinte Herr Wagenknecht.
Ich schaute auf mein dünnes Bein mit den vernarbten dunkelroten Transplantaten und zweifelte stark daran, daß das schön sein sollte.
»Wenigstens ist Haut drauf«, sagte ich gelassen.
Schwester Evi erschien mit einem Tablett.
»Nun mal alle raus hier, das Kind muß essen!« befahl sie.
»Ich habe zwar keinen Fisch gekriegt, aber immerhin Kartoffelsalat mit heißen Würstchen. Ist das okay?«
»Mehr als okay! Danke! Es ist genau das, was ich jetzt brauche.«
Die Menschenmenge in meinem Zimmer löste sich auf. Alle wünschten mir einen guten Appetit.
Den würde ich haben. Es war ein aufregender Tag. Hungrig machte ich mich über die Riesenportion Kartoffelsalat her.
»Das artete ja fast in eine Party aus«, kommentierte Schwester Evi die Besuchermenge.
Während ich aß, berichtete ich ihr ebenfalls über die Wochen in dem anderen Krankenhaus. Sie stellte mir viele

Fragen, und die Zeit verging wie im Fluge. So viel Zuwendung hatte ich schon lange nicht mehr bekommen. Ich fühlte mich restlos glücklich und zufrieden.
Nach dem Essen ruhte ich mich ein wenig aus; ich lag nur da und ließ die Ereignisse des Tages an mir vorüberziehen. Über dreihundert Kilometer war ich nun von dem Krankenhaus entfernt, das ich so sehr haßte. Ich beschloß, es so schnell wie möglich zu vergessen.

Abends kamen meine Eltern. Wir feierten meine Rückkehr.
»Du wirst in den nächsten Tagen so viel Besuch kriegen, daß du froh sein wirst, wenn du mal allein sein kannst«, kündigte Mutti an.
»Ja? Wer kommt denn?« fragte ich.
»Die können wir gar nicht alle aufzählen, die sich angekündigt haben«, stöhnte Papa. »Laß dich überraschen.«
»Du siehst richtig zufrieden aus«, stellte Mutti erfreut fest.
»Das bin ich auch. Jetzt geht's in die dritte Runde.«
»Runde?«
»Ja, die erste Runde ging um's Überleben. In der zweiten Runde mußte ich wieder gesund werden, und in der dritten Runde muß ich laufen lernen.«
»So kann man's auch sehen.«
»Was brauchst du denn jetzt alles?« fragte Mutti.
»Och, eigentlich gar nichts. Doch, da wäre was, was ich schon gerne hätte, natürlich nur, wenn's geht und nicht zu teuer ist.«
»Ich glaube, ich weiß, was du meinst«, sagte Papa.
»Ich weiß es auch«, meinte Mutti.
»Dann sagt's doch!«
»Einen Fernseher!!!« riefen beide gleichzeitig.
»Genau!«
»Das läßt sich sicher machen. Was meinst du, Hans?«

»Ich denke schon.«
»Das ist ja super! Endlich mal wieder einen richtig schönen Krimi gucken. Mit Mord und so was. Toll!«
»Mord findest du toll?«
»Mutti, das ist doch nur gestellt. Die Schauspieler stehen hinterher wieder auf. Natürlich finde ich richtigen Mord nicht toll. Daß man dir immer alles erklären muß!«
»Außer einem Fernseher brauchst du also nichts?«
»Doch, 'ne Fernsehzeitung.«
»Nichts zu essen?«
»Das Übliche«, bestellte ich lässig.
Meine Eltern verabschiedeten sich, nachdem ich meiner Mutter noch einmal ausführlich erklärt hatte, was »das Übliche« war.
Schwester Evi schaute in mein Zimmer, bevor sie nach Hause ging.
»Ich freu mich so, daß du wieder hier bist«, sagte sie.
»Ich mich auch.«
»Dein Bein sieht gut aus. Das hast du wirklich tapfer durchgestanden.«
»Was Doktor Nicolai wohl dazu sagen wird? Der hat doch morgen wieder Dienst, oder?«
Schwester Evi antwortete nicht gleich.
»Was ist denn?« fragte ich sie.
»Tja, Doktor Nicolai ist gar nicht mehr hier.«
»Hat er Urlaub? Oder ist er auf eine andere Station versetzt worden?« wollte ich wissen.
»Nein, er hatte sich schon vor längerer Zeit an einer anderen Klinik beworben und ist jetzt dort angenommen worden.«
»Weit weg?«
»Ja.«
»Schade, ich hätte so gerne gewußt, was er dazu sagt.«

»Du kannst ihm ja schreiben. Er hat seine neue Adresse hiergelassen.«
»Meinen Sie, daß ich das tun soll? Vielleicht erinnert er sich gar nicht mehr an mich?«
»O doch, der Doktor erinnert sich garantiert an dich. Er hat mich fast jeden Tag gefragt, ob ich Neuigkeiten von dir hätte.«
»Ja?«
»Ja.«
»Na gut, dann schreib ich ihm«, sagte ich und hoffte, daß es gleichgültig klang.
Ich wollte nicht, daß Schwester Evi merkte, wie enttäuscht ich war.
»Wie is'n der neue Stationsarzt?« fragte ich.
»Nett.«
»Na wenigstens etwas.«

Am Donnerstag um elf Uhr erschien der Chefarzt, Doktor Lindemann, mit seiner zahlreichen Gefolgschaft zur Visite. Alle schauten sich meine Beine an und waren schlichtweg begeistert. Ich wartete darauf, daß mal jemand sagte: Gott, ist das häßlich!, aber niemand kam auf diesen Gedanken.
»Die haben dich ja wieder toll hingekriegt«, meinte Doktor Lindemann anerkennend.
»Die Ärzte dort haben gesagt, daß mein Bein nur aufgrund der guten Vorarbeit hier in diesem Krankenhaus gerettet werden konnte«, erzählte ich dem Chefarzt.
»Das höre ich gern«, sagte er und lächelte.
»Auf jeden Fall bin ich froh, wieder hier zu sein.«
»Und deinen Kumpel hast du auch wieder dabei.« Er deutete auf meinen Teddybär. »Der hatte doch so einen seltsamen Namen. Wie hieß er noch gleich?«
»Peng-Boing«, antwortete ich.

»Genau! Jetzt merk ich's mir aber«, sagte der Chefarzt mit ernster Miene, so als ob er gerade die neuesten medizinischen Erkenntnisse erfahren hätte.
Die anderen Ärzte versuchten mühsam, sich das Lachen zu verkneifen.
Doktor Lindemann gab Schwester Beate Anweisungen, die sie sofort in mein Krankenblatt schrieb.
Nach der Visite wurden meine Beine von oben bis unten mit elastischen Binden umwickelt.
»Was soll denn das?« fragte ich.
»Das ist gegen Thrombose«, antwortete Schwester Lena.
»Thrombose?«
»Das ist eine Verstopfung der Blutgefäße durch ein Blutgerinsel«, erklärte mir die Schwester.
Ich schaute sie mit großen Augen an. Diese Krankheit sollte ich haben? Sie verstand meinen Blick und lachte.
»Das ist nur zur Vorbeugung, damit du keine Thrombose kriegst.«
»Ach so, dann ist's ja gut.«
»Jetzt machen wir die ersten Sitzversuche mit dir.«
»Nur sitzen?« fragte ich enttäuscht.
Ich wollte gleich aufstehen und laufen.
»Sitzen reicht vorerst. Du wirst es schon sehen.«
Ach was, ich fühlte mich stark. Ein paar Schritte würde ich sicherlich schaffen.
Schwester Lena holte Onkel Otto, und die Sitzversuche konnten beginnen.
Ich setzte mich im Bett auf, Onkel Otto hielt meine Unterschenkel, und ich drehte mich zur linken Seite, so daß ich auf dem Bettrand saß. Onkel Otto kniete vor mir und ließ meine Beine langsam nach unten.
»Du machst vielleicht einen Zirkus mit mir«, beschwere ich mich, da mir alles viel zu langsam ging.

Mein linker Fuß erreichte fast den Boden. Onkel Otto stützte noch immer das rechte Bein, weil ich es nicht beugen konnte. Schwester Lena saß hinter mir im Bett und stützte meinen Rücken ab. Es muß zum Schreien komisch ausgesehen haben, aber ich saß.
Ich spürte ein Kribbeln in den Beinen. Tausende von Stecknadeln schienen sich in meine Unterschenkel zu bohren.
»Geht's noch?« fragte Schwester Lena.
»Es kribbelt!«
Plötzlich wurde mir schwindlig.
»Mir ist so komisch«, wisperte ich und legte meine Hände vors Gesicht.
»Okay, das reicht für heute!« meinte Onkel Otto und hob meine Beine langsam wieder an.
Mit vereinter Kraft schafften sie mich zurück ins Bett. Ich konnte nicht mithelfen und lag nur noch wie ein nasser Sack in den Kissen.
»So'n Scheiß!« entrüstete ich mich, nachdem ich etwas zu Kräften gekommen war.
»Tja, siehst du, so einfach ist das nicht, nachdem du neun Wochen nur gelegen hast«, erwiderte Schwester Lena mit einem Unterton, der bedeuten sollte: Ich hab's dir ja gleich gesagt.
»Das ist der Kreislauf, mein Kind. Der muß erst wieder auf Touren kommen. Die Sitzversuche machen wir jetzt jeden Tag. Wenn du dich dabei einigermaßen wohl fühlst, beginnen wir mit den Stehübungen, dann erst kannst du ans Laufen denken«, klärte Onkel Otto mich auf.
»Das dauert ja noch Ewigkeiten!«
»Sei nicht so ungeduldig. Auf die paar Wochen kommt's jetzt auch nicht mehr an.«
»Aber ...«

»Nix aber, Klappe halten und Geduld haben!«
»Na gut, aber nur, weil du's bist.«
Gegen Onkel Otto kam man einfach nicht an.
»Brauchst du noch was?« fragte Schwester Lena beim Rausgehen.
»Ja, 'ne Kraftbrühe!«
»Kannst du kriegen.«
»Nein, lassen Sie's. War nur ein Scherz.«

Ich hatte mir das alles etwas einfacher vorgestellt; zwar nicht so, daß ich aufstand und losrannte, aber daß mir so einfache Sachen wie Sitzen Schwierigkeiten bereiteten, machte mir arg zu schaffen.
Im Kleiderschrank hing ein schöner neuer Bademantel, den mir meine Eltern gekauft hatten. Ein exklusives Stück aus weichem Frottee. Wie lange würde er warten müssen, bis ich ihn durch die Gegend tragen konnte?
Ich hatte mich von dem Sitzversuch noch immer nicht ganz erholt. So geschafft war ich normalerweise nur, wenn ich den ganzen Tag im Freien herumgetollt war.
Ich sah ein, daß man vom Bett aus wesentlich stärker ist als in Wirklichkeit, aber wenigstens wußte ich nun, was für ein hartes Stück Arbeit auf mich zukommen würde.

Um vierzehn Uhr begann der Besucherstrom. Zuerst kamen meine Eltern. Eine Stunde später erschien Onkel Ulrich mit Oma. Sie freuten sich, mich wiederzusehen. Alle redeten durcheinander. Oma war ganz gerührt. Natürlich hatten sie mir Geschenke mitgebracht. Papa meinte, daß ich ein verwöhntes Balg werden würde, wenn die Geschenkeflut nicht bald nachließe. Worauf ich nur unverschämt grinsen konnte, denn er hatte völlig recht.
Kurz nach dem Abendessen erschien Herr Kluge. Er fragte

mich, ob meine Klassenkameraden mich ab jetzt besuchen dürften. Einige von ihnen konnten es kaum erwarten, mich wiederzusehen.
»Selbstverständlich, nur zu! Sie können ihnen grünes Licht geben!« antwortete ich freudestrahlend.
Herr Kluge erzählte mir das Neueste aus der Schule. Ich mußte oft lachen, weil er die Geschichten mit seinem trockenen Humor zum besten gab.
Am Abend war ich hundemüde, aber ich konnte nicht einschlafen, zu viele Dinge gingen mir durch den Kopf. So einen anstrengenden Tag hatte ich lange nicht erlebt. Mit der Ruhe und Abgeschiedenheit war es nun endgültig vorbei. Das Leben außerhalb der Krankenhausmauern brach wieder auf mich ein. Ein seltsames Gefühl – einerseits wollte ich den Kontakt zur Außenwelt, gierte regelrecht danach, andererseits störte er mich in meiner gewohnten Ruhe. So viele Themen aus dem Alltagsleben strömten auf mich ein, Themen, die ich schon längst vergessen hatte, die mir einfach nicht mehr wichtig waren.

Am Freitag vormittag wiederholte ich die Sitzversuche, diesmal mit Schwester Sonja und Schwester Julia. Ich bezweifelte, daß mich diese beiden zarten Persönchen halten konnten, wenn ich wie ein Taschenmesser zusammenklappte und womöglich von der Bettkante rutschte, doch ich hatte vergessen, daß ich selbst nur noch ein Strich in der Landschaft war.
Den zweiten Sitzversuch hielt ich wesentlich besser aus. Ich konnte fast drei Minuten auf dem Bettrand sitzen, ohne daß mir schwindlig wurde. Das Kribbeln in den Beinen ließ leider nicht nach. Als ich wieder im Bett lag, hätte ich mir die Beine aufkratzen können, so sehr juckten sie.
»Das war schon sehr gut«, meinte Schwester Sonja.

»Besser als gestern auf jeden Fall«, stimmte ich ihr zu.
»Vielleicht können wir am Sonntag schon mit den Stehübungen anfangen«, sagte Schwester Julia.
»Sonntag schon?« fragte ich begeistert.
»Mal abwarten!«
»Bitte, bitte!« flehte ich.
Ich wollte endlich Ergebnisse sehen, möglichst schnell, egal, wieviel ich dabei einstecken mußte. Das Wort »Geduld« gab es für mich nicht mehr.
Was mußte das für ein Gefühl sein, auf den eigenen Beinen zu stehen und auf mein Bett herabzusehen? O Mann, einfach irre!

Kaum hatte die Besuchszeit angefangen, füllte sich mein Zimmer mit Menschen, die mich mit Geschenken und netten Worten überhäuften.
Frau Schröder kam mit Susann und Thommy. Susann brachte mir einige Bücher mit, die sie extra für mich aus der Stadtbibliothek geholt hatte. Thommy begrüßte mich kurz und wandte sich dann einem meiner Spiele zu. Er fragte nichts, sondern saß nur da, spielte und war froh, daß es mir wieder besserging.
Frau Schröder hatte mir ein paar selbstgebackene Püfferchen mitgebracht. Ich konnte es kaum erwarten, sie in mich hineinzustopfen, nur ein kleiner Funken Anstand hielt mich davon zurück. Susann und ihre Mutter hatten tausend Fragen, die ich brav beantwortete, bis mein Mund so ausgetrocknet war, daß ich kaum noch weiterreden konnte.
Nachdem sich die Schröders verabschiedet hatten, kamen drei Klassenkameraden: Danni, Conny und Andreas.
Schnatternd wurde ich begrüßt. Die drei waren so aufgeregt, daß sie vergaßen, sich hinzusetzen. Das »Frage-und-Antwort-Spiel« begann von neuem.

»Wie geht es dir?«
»Wie sieht dein Bein aus?«
»War der Lastwagenfahrer mal hier?«
»Kannst du schon laufen?«
»Wieviel hast du abgenommen?«
»Hast du viel Schreckliches durchgemacht?«
»Hast du keine Glotze?«
»Vermißt du die Schule?«
»Soll'n wir dir die Hausaufgaben bringen?«
»Wann kommst du wieder in die Schule?«
Ich beantwortete die Fragen möglichst kurz, denn sonst hätte ich die nächste Frage schon nicht mehr mitgekriegt. Die drei legten ein Tempo vor, als wollten Sie die vergangenen neun Wochen in einer halben Stunde aufholen.
»Wir sind so froh, daß du wieder einigermaßen gesund bist«, meinte Danni glücklich.
»Hoffentlich kommst du bald wieder. Es ist irgendwie nicht mehr viel los ohne dich«, sagte Andreas.
»Wirklich, es hat sich nicht viel getan in letzter Zeit. Der Unterricht ist stinklangweilig«, stimmte Conny ihm zu.
»Das ist er mit mir auch«, entgegnete ich lachend.
»Aber du hast wenigstens immer ein bißchen Quatsch gemacht«, widersprach sie mir.
»Außerdem haben wir keinen mehr, dem wir unsere Sorgen erzählen können. Das ist 'n echtes Problem«, beklagte sich Danni.
»Oh, da hab ich eine Idee«, sagte ich spontan. »Schreibt mir doch eure Sorgen. Sobald ihr sie aufgeschrieben habt, sind sie sowieso viel kleiner als vorher. Mir geht das jedenfalls so. Und vielleicht kann ich euch ja was raten. Nur Rückporto und einen Briefumschlag müßt ihr beilegen, weil ich so was hier nicht habe.«
»Superidee!«

»So ungefähr wie 'n Kummerkasten bei 'ner Zeitung.«
»Wenn wir dir schreiben, haben wir wenigstens im Unterricht wieder was zu tun. Das Gelaber von den Lehrern hält ja sowieso keiner aus«, sagte Conny und schaute mich spitzbübisch an.
»Aber du mußt versprechen, daß du die Briefe, sobald du sie beantwortet hast, wegschmeißt. Nicht, daß die irgendeiner außer dir liest«, verlangte Danni.
»Klar, was denkst du denn? Meinst du, ich lasse sie in der Tageszeitung veröffentlichen?« regte ich mich auf.
»Weiber!« sagte Andreas, der mit Sorgen sowieso nichts am Hut hatte.
Die drei versprachen, den Rest der Klasse zu grüßen, und zogen glücklich von dannen.
Als nächstes kamen meine Eltern.
»Hier geben sich heute die Leute die Klinke in die Hand«, sagte ich, »als ob ihr euch verabredet hättet.«
»Das haben wir auch. Bei uns ist die Zentrale. Jeder, der dich besuchen möchte, fragt, wann er kommen kann, und wir koordinieren die Termine«, erklärte Mutti.
»Im Ernst?«
»Heute war es jedenfalls so.«
»Wer kommt denn am Sonntag?«
»Laß dich überraschen!«
»Ich glaube, ich bin zum erstenmal froh, daß morgen keine Besuchszeit ist. Ich hab mir den Mund schon fusselig geredet.«
»Du armes Kind«, erwiderte Mutti und tat so, als bedauere sie mich.
»Ich denke, du wolltest viel Besuch«, sagte Papa.
»Das will ich ja auch. Nimm doch nicht alles so ernst!«
Meine Eltern gaben mir ein Päckchen von Herrn und Frau Prante, unseren Nachbarn von gegenüber. Ich pack-

te es aus, nachdem ich die beiliegende Karte gelesen hatte.

Zum Vorschein kam ein Bastelbild in DIN-A4-Format, das eine Eule zeigte. Dabei lag eine Packung bunter Knetmasse, die man in den vorgefertigten Konturen des Körpers der Eule verteilen mußte, damit das Bild farbig wurde. Zum Glätten der Oberfläche gab es ein kleines Modelliermesser aus Plastik.

»Das ist aber schön!« rief ich. »Da haben sich die Prantes richtig was einfallen lassen. Sagt ihnen vielen, vielen Dank.«

Am liebsten hätte ich sofort mit dem Basteln angefangen, doch ich mußte erst warten, bis ich allein war. Die Püfferchen hatte ich auch noch nicht verspeisen können. Es wurde langsam stressig.

Zur Abendbrotzeit ließ ich die langweiligen Butterbrote stehen und genoß Frau Schröders Kartoffelpuffer. Sie schmeckten einfach himmlisch, obwohl sie kalt wie eine Hundeschnauze waren und langsam blau anliefen.

Ein neuer Pfleger holte mein Tablett ab.

»Ich bin Herr Schmidt«, stellte er sich vor.

»Ich bin Margit.«

»Du hast ja gar nichts gegessen, Margit«, sagte er, wobei er die Stirn hochzog und mich mit großen braunen Augen ansah.

Ich lachte.

»Doch. Meine Nachbarin hat mir Kartoffelpüfferchen mitgebracht. Die habe ich gegessen. Ich bin richtig vollgefressen.«

»Na, dann ist's ja gut.«

Herr Schmidt war um die Dreißig und sah mit seinem blonden Haar und der sonnengebräunten Haut sehr gut aus. Ich nahm an, daß er die Herzen aller Patientinnen und

Krankenschwestern höher schlagen ließ. Mein Typ war er nicht. Trotzdem fand ich ihn nett.
Den Abend verbrachte ich damit, Knetmasse in die Umrisse der Eule zu stopfen.
Herr Schmidt kam noch einmal in mein Zimmer, um mir, wie allen anderen Patienten auch, den »Nachtdrink« zu bringen, der jeden Tag um zwanzig Uhr gereicht wurde.
Man hatte die Wahl zwischen Milch, Buttermilch, Tee und Mineralwasser. Dazu gab es bei Bedarf Schlafmittel, Beruhigungstabletten oder Abführkörnchen, auch Granulate genannt. Ich nahm ein Glas Buttermilch.
»Möchtest du vielleicht etwas Abführgranulat?« fragte er fröhlich und schüttelte dabei die Granulatdose wie eine Rassel.
»Nein Danke«, lehnte ich kühl ab.
»Ich dachte, nach den Kartoffelpuffern wäre das keine schlechte Idee.«
»Trotzdem nicht.«
»Du mußt es wissen, aber beschwer dich morgen nicht.«
Ich und Abführmittel. Ich hatte noch nie irgendwelche Hilfsmittel für meine Verdauung gebraucht. Was der sich wohl dachte?

Leider lag ich mit meiner Prognose wieder einmal falsch. Samstag bekam ich tatsächlich eine Verstopfung, die zwar nicht sonderlich schmerzhaft, aber unangenehm war. Ich gab Herrn Schmidt die Schuld daran, weil er sie heraufbeschworen hatte.
Zu allem Übel war Samstag gleichbedeutend mit Eintopftag. Diesen Samstag gab es irgend etwas Undefinierbares zwischen Wirsing und Kohlrabi, jedenfalls etwas zur Unterstützung meiner Darmprobleme. Ich aß nicht viel davon. Schwester Gabi holte mein Tablett ab.

»Was is'n das? Schmeckt wohl nich, wa?« fragte sie.
»Nicht besonders.«
»Willste was andres?«
»Geht das?«
»Logo! Ich renn ma inne Küche. Wie wär's mit 'nem Salat? Den ham se da immer massenhaft rumstehen«, schlug mir Schwester Gabi vor.
»Salat wär spitze, der fördert doch die Verdauung, oder?«
»Da kannste dich drauf verlassen!«
»Okay!«
Sie kam kurze Zeit später mit einer liebevoll zusammengestellten Salatplatte wieder.
»Den hab ich selbst zusammengeschmissen«, sagte sie etwas verlegen.
»Sogar ein bißchen Kartoffelsalat haben Sie draufgetan.« Ich war richtig gerührt.
»Den magste doch so gern, oder?«
»Ja! Vielen, vielen Dank!«
»Ach, schon gut. Hab ich gern gemacht.«
Ich ließ mir die Riesenportion Salat schmecken. Nachmittags erledigten sich meine Verdauungsstörungen, und zwar ohne Abführmittel.

An diesem Tag lernte ich den neuen Stationsarzt kennen.
»Ich bin Doktor Lerche. Tut mir leid, daß ich erst jetzt bei dir vorbeischauen kann, aber ich hatte die letzten beiden Tage frei«, begrüßte er mich hastig. »Ich habe schon eine Menge von dir gehört.«
»Schlechtes, nicht wahr?«
Er grinste.
»Wußt ich's doch!«
»Nein, alle sprachen nett über dich.«
»Wer's glaubt, wird selig.«

»Ich bin nur vor deiner Schlagfertigkeit gewarnt worden und vor deiner Eigenschaft, immer das letzte Wort haben zu müssen.«
»Hört sich verdammt nach Doktor Nicolai an.«
»Ja, aber er sagte noch, daß ich gut auf dich aufpassen soll.«
»Wie rührend.«
Doktor Lerche war ein magerer Mann, dessen Haare wild vom Kopf abstanden. In dem Wust von Haaren steckte eine Nickelbrille. Er sah genauso aus, wie ich mir einen zerstreuten Professor vorstellte. Und prompt fing er an, seine Brille zu suchen, indem er seine Kitteltaschen durchwühlte. Ich gab ihm mit einem Handzeichen zu verstehen, wo er sie vergessen hatte. Er nickte dankbar, dann blätterte er in meinem Krankenblatt und sah sich gleichzeitig meine Beine an.
»Mit den Sitzübungen hast du ja schon angefangen. Wenn du dich gut fühlst, geht's morgen mit Stehübungen weiter.«
»Gerne, je eher, desto besser.«
»Aber nichts übertreiben, ja?«
»Ich werd's versuchen.«
»Gut, wir sehen uns am Montag wieder«, verabschiedete sich der Arzt.
Als ich die Bettdecke glattzog, sah ich mein Krankenblatt am Fußende des Bettes liegen; im selben Moment wurde die Tür aufgerissen, und Doktor Lerche angelte sich die Mappe. »Sorry« war sein Kommentar.

Leider hatte Herr Schmidt von meinen Verdauungsstörungen gehört, was ihn dazu veranlaßte, in regelmäßigen Abständen ins Zimmer zu kommen, um mit der Abführgranulatdose vor meiner Nase herumzurasseln. Dabei pfiff er lateinamerikanische Sambarhythmen. Anscheinend hatte er keine Ahnung, wie sehr er mir damit auf die Nerven

ging. Ich ignorierte ihn und bastelte verbissen an der Eule herum, deren Gefieder ich schon vollständig mit kackbrauner Knetmasse gefüllt hatte.
Jetzt blieb nur noch ihr Gesicht übrig. Ich entschied mich für eine Farbe, die wie schmutziges Rosa aussah.
Als Schwester Sonja abends mein Bett richtete, schaute sie mich sehr skeptisch an. Zunächst wußte ich nicht, was sie damit bezweckte, dann sah ich, daß lauter braune Knetkrümel unter meiner Bettdecke lagen. Wie die dort hingekommen waren, konnte ich beim besten Willen nicht sagen. Plötzlich mußte ich laut lachen.
»Was hast du?« fragte die Schwester.
»Sie denken, das ist...« prustete ich und bekam vor Lachen kaum einen Ton heraus.
»Nein, um Himmels willen, das ist bloß Knetmasse!« gluckste ich.
Sie schaute mich zunächst verblüfft an, doch dann begann sie ebenfalls zu lachen. Während Schwester Sonja das Laken wechselte, kamen wir überein, den »Vorfall« für uns zu behalten.

Am Sonntag vormittag begannen wir mit den Stehübungen. Schwester Lena wickelte mir die Beine wie jeden Morgen.
»Die Sitzübungen machen wir beide heute alleine, ja?« fragte ich und sah sie bettelnd an.
»Meinst du, daß wir das schaffen?«
»Auf jeden Fall!«
»Na gut, überredet. Für die Stehversuche, und ich betone *Versuche,* hole ich dann aber jemanden.«
Ich setzte mich langsam auf und ließ die Beine vom Bettrand baumeln, sofern man mit einem steifen Bein baumeln konnte.

Schwester Lena schaute mir eine Weile zu und verschwand dann, um Verstärkung zu holen.
Sie kam ausgerechnet mit Herrn Schmidt wieder.
»Der fehlte mir noch!« zischte ich leise.
»Dann woll'n wir mal!« sagte Herr Schmidt und rieb sich die Hände.
»Ein Wort über Abführgranulat, und ich breche auf der Stelle zusammen, das schwör ich Ihnen!« drohte ich ihm.
Statt einer Antwort bekam ich ein breites Grinsen zu sehen.
Schwester Lena stützte mich auf der rechten Seite und Herr Schmidt auf der linken, als ob sie eine hundertzwanzigjährige Oma hochhieven wollten.
»Bei drei geht's los!« sagte Herr Schmidt.
»Gut!«
»Eins, zwei, drei!« riefen wir alle zusammen, und plötzlich stand ich.
Mir wurde auf der Stelle schwindlig. Das Blut, das für die Sauerstoffversorgung im Kopf zuständig war, wurde in einem rasanten Tempo nach unten gezogen, als hätte sich die Anziehungskraft der Erde verdoppelt.
»Setzen!« schrie ich.
Als ich wieder auf dem Bettrand saß, ging es mir sofort besser.
»Mir war schwindlig«, versuchte ich zu erklären.
»Das ist immer so, mach dir nichts draus«, tröstete mich Schwester Lena.
»Gleich noch mal!« sagte ich.
»Was???«
»Noch mal! Die Zeit des Ausruhens ist vorbei!« erklärte ich mutig, obwohl ich eine Heidenangst vor diesem widerlichen Schwindelgefühl hatte.
»Du spinnst!«
»Na los, auf geht's!«

Die beiden halfen mir hoch. Beim zweitenmal klappte es schon besser, zwar nicht gut, aber besser.
Nach zehn Sekunden verließ mich die Kraft, und ich setzte mich wieder hin.
»Das war verdammt gut«, meinte Herr Schmidt anerkennend.
»Danke.«
»Das hätte ich auch nicht gedacht, daß wir heute schon so weit kommen«, stimmte Schwester Lena ein.
»Sie sollten sich mal hören«, sagte ich lachend. »Sie tun gerade so, als hätte ich die Ehrenurkunde bei den Bundesjugendspielen gewonnen.«
»Von der Kraftanstrengung her ist das sicher vergleichbar«, erwiderte Herr Schmidt.
Damit sollte er recht behalten, denn ich war völlig ausgelaugt, als ich wieder im Bett lag.
Wenn die kleinsten Tätigkeiten, die Millionen von Menschen jeden Tag ohne den geringsten Kraftaufwand durchführten, mich so sehr erschöpften, wie sollte ich dann jemals wieder so fit werden, daß ich am »normalen Leben« teilnehmen konnte?
Mit dieser Frage beschäftigte ich mich fast den gesamten Nachmittag. Anstatt eine Antwort darauf zu finden, fielen mir immer neue, höchst beunruhigende Fragen ein.
Meinen Eltern war ich an diesem Tag kein besonders guter Gesprächspartner. Mürrisch beantwortete ich ihre Fragen und hörte nur mit einem Ohr zu, wenn sie mir etwas erzählten.
»Hast du die Eule schon fertig?« fragte meine Mutter.
»Ja.«
»Zeig doch mal.«
Ich wollte gerade erwidern: Kein Zeiger dran!, entschied mich aber dann, meine schlechte Laune nicht an meinen

Eltern auszulassen. Eigentlich hatte ich gar keinen Grund, schlecht gelaunt zu sein, im Gegenteil, ich hätte vor Freude überschäumen müssen, weil ich das erstemal seit neun Wochen auf meinen eigenen Füßen gestanden hatte. Warum war ich bloß so entsetzlich traurig?

Ich hielt meiner Mutter das fertige Bild hin. In diesem Moment kam Onkel Otto ins Zimmer, um mir eine frische Flasche Mineralwasser zu bringen, die ich nach dem Frühstück bestellt hatte.

»Du kannst froh sein, daß ich die Konstitution eines Kamels habe, was das Speichern von Wasser angeht, sonst wär ich nämlich schon lange verdurstet!« blaffte ich ihn an.

»Wieso?« fragte er erstaunt.

»Weil ihr hier 'ne ziemlich lange Theke habt. Die Flasche hab ich vor mindestens sieben Stunden bestellt!«

»Bestellt? Haben Sie das gehört?« fragte er meine Eltern.

»Sie hat sich eine Flasche Wasser *bestellt*. Du hast hier gar nichts zu *bestellen*. Du bist auf unsere Gnade angewiesen. Ist dir das klar? Also sei schön lieb, und sag bitte, bitte.«

Mein Vater grinste. Das war so richtig nach seinem Geschmack.

»Mach mich nur fertig«, erwiderte ich gelassen.

Ich schaute auf das Bild, anschließend schaute ich Onkel Otto an, dann wieder auf das Bild.

»Mutti, findest du nicht auch, daß diese Eule genauso aussieht wie Onkel Otto?« fragte ich und konnte mir das Lachen nicht länger verkneifen.

Meine Mutter lief rot an und wäre am liebsten im Boden versunken. Papa schüttelte den Kopf über so viel Respektlosigkeit, mußte dabei aber lauthals lachen, so daß seine Empörung etwas halbherzig ausfiel.

Onkel Otto versuchte sein Schmunzeln zu verstecken, indem er sich die Faust vor den Mund hielt und hustete,

während er die Eule betrachtete. Dann sah er mich an, und das, was er sagte, paßte überhaupt nicht zu dem, was ich in seinem Gesicht lesen konnte.
»Du bist ein schreckliches Kind!« sagte er.
»Ich mag Eulen«, rief ich hinter ihm her, um ihm das Kompliment zurückzugeben.
Ich schaute meine Eltern an und sah, daß sie die »Unterhaltung« verstanden hatten.

Der nächste Tag war so aufregend, daß ich meinen Kummer über die kläglichen Stehversuche vorübergehend vergaß. Meine Klassenkameraden gaben sich nicht die Klinke in die Hand, sondern kamen in Rudeln.
Als sich in dem winzigen Zimmer neun junge, schwatzende Leute drängten, klebte Onkel Otto ein Schild mit der Aufschrift WEGEN ÜBERFÜLLUNG GESCHLOSSEN an die Tür. Ich beantwortete geduldig alle Fragen; nach zwei Stunden machte sich die Meute auf den Heimweg, nicht, weil es nichts mehr zu besprechen gab, sondern weil alle pünktlich zum Abendessen zu Hause sein mußten. Jeder versprach, möglichst bald wiederzukommen.
Das Zimmer sah aus wie ein Schlachtfeld. Auf meinem Bett lagen unzählige leere Kekstüten mit dazugehörigen Krümeln. Auf dem Nachttisch war eine offene Konfektschachtel mit mehreren angeknabberten Pralinen. Unter dem Bett lagen drei große Plastiktüten voller Bücher. Im Waschbecken, das sehr großzügig mit Wasser gefüllt war, befanden sich drei wunderschöne Blumensträuße. Sie waren in Papier eingewickelt, welches sich langsam in eine breiige Masse verwandelte. An meinem Kopfkissen klebte eine süße rosafarbene Substanz, die ich ohne Probleme als das ehemalige Innere einer Praline identifizieren konnte. Es roch, nein, es stank nach Ärger.

Ich hoffte, Herr Schmidt würde dazu eingeteilt, diese Sauerei aufzuräumen; mit dem hatte ich noch eine Rechnung offen. Aber leider trifft es immer die Falschen. Schwester Evi bekam fast einen Herzanfall, als sie die Verwüstung sah.
»Hattest du die Hottentotten zu Besuch?« rief sie entsetzt und machte sich sofort daran, die schlimmsten Spuren zu beseitigen, indem sie die Kekstüten und die Pralinenschachtel in den Mülleimer warf.
»Keine Hottentotten, nur Klassenkameraden«, entgegnete ich ruhig.
Während ich Schwester Evi beim Aufräumen zusah, stellte ich fest, daß es manchmal recht nützlich sein konnte, wenn man bettlägerig war.
»Sie werden sehen, so schlimm, wie es auf den ersten Blick ausschaut, ist es gar nicht«, versuchte ich sie zu besänftigen.
»Sehr witzig«, erwiderte sie zynisch.
»Ich trage die wenigste Schuld an dem Chaos.«
»Falsch gedacht, du bist nämlich die Ursache dafür.«
»Es tut mir ehrlich leid«, entschuldigte ich mich.
Schwester Evi konnte schon wieder lächeln, obwohl sie noch den Kopfkissenbezug wechseln, die Blumen in Vasen unterbringen, das Bett von Krümeln befreien und die schweren Plastiktüten im Schrank verstauen mußte.
Nachdem der Raum wieder wie ein Krankenzimmer aussah, fragte ich vorsichtig: »Sind Sie böse wegen der Verwüstung?«
»Welche Verwüstung?« fragte Schwester Evi augenzwinkernd zurück.

Nach dem Abendessen wurde es ruhiger auf den Krankenhausgängen, und die quälenden Gedanken über meine Zukunft kamen leise und ungebeten zurück.
Wie soll es weitergehen, wenn ich hier raus bin?

Mein Knie ist steif; wie soll ich jemals normal laufen? Ich habe so viel in der Schule versäumt; vielleicht muß ich das Schuljahr noch mal machen, dann käme ich in eine andere Klasse. O nein, das wäre eine Katastrophe. Diesen Sommer wollte ich mit Tennisunterricht anfangen, das kann ich mir für immer abschminken.
Mir fiel immer mehr ein, die Visionen über meine Zukunft wurden immer düsterer.
Ins Freibad kann ich mit diesem Monsterbein auch nicht mehr gehen. Schwimmen, Rollschuhlaufen, Eislaufen, Fahrradfahren, Tanzen, Ballspiele und Reiten, nichts davon werde ich jemals wieder machen können.
Bikinis, Mini-Röcke und enge Jeans kann ich mir auch aus dem Kopf schlagen.
Und Jungs kann ich gleich ganz vergessen; welcher Idiot will schon so eine entstellte Freundin haben.
Ich dachte das erstemal, seit ich im Krankenhaus lag, an Robert, meinen heimlichen Schwarm. Der würde bestimmt keine behinderte Freundin haben wollen. *Behindert*, das war das Wort für meinen Zustand.
Im Geiste hörte ich die Leute sagen: Schau mal! Da ist das Fräulein Mertens. Die ist schon vierzig und unverheiratet. Die hat keinen abgekriegt, weil sie behindert ist.
Ich fühlte mich zum Heulen. Als ich gerade damit anfangen wollte, schrie eine Stimme in mir: Scheiß doch auf das Gerede der Leute, und zum Teufel mit den Männern, die dich deshalb nicht haben wollen! Der Mensch besteht nicht nur aus schönen Beinen. Was du sonst bist, zählt! Hör auf mit diesem Selbstmitleid! Du lebst, ist das nichts? Du lebst, und das ist nicht selbstverständlich. Du könntest schon tot sein. Willst du das? Willst du tot sein, nur weil du keinen Sport mehr treiben kannst und ein paar Jungs dumm gucken werden, wenn sie dich im Badeanzug sehen?

Wenn man es von dieser Seite betrachtete, waren meine Zukunftssorgen wirklich lächerlich.
Ungefähr so, als ob der mutige Held im Märchen erfolgreich gegen Drachen, Hexen, Zauberer und den Teufel gekämpft hat und sich zu Hause in seinem Schloß vor Angst in die Hosen macht, weil eine Maus unterm Bett ist. Als ich den armen Märchenhelden in Gedanken schlotternd und bibbernd vor der kleinen Maus sitzen sah, mußte ich schallend lachen.
Das zum Thema Zukunftsangst, sagte meine innere Stimme freundlich.

Nachdem die Stehübungen wirklich gut klappten, erschienen Schwester Julia und Schwester Gabi am Mittwoch mit einem Gehwagen, kurz »Esel« genannt. Diese Gehhilfe war ein halbrundes Gestell aus stabilen Metallrohren mit drei kleinen Rädern, eins rechts, eins links und eins vorne in der Rundung.
»Was ist denn das?« rief ich erstaunt, als ich das Monstrum zum erstenmal sah.
Die Schwestern stellten mich in die Öffnung des Gestells.
»Jetzt leg deine Unterarme hier auf diese Stützen.«
Ich befolgte die Anweisung und merkte, daß die Apparatur mir wirklich guten Halt gab. Nun machte ich meine ersten Schrittchen; die Schwestern stützten mich zusätzlich von beiden Seiten und freuten sich wie Mütter, deren Sprößlinge die ersten Schritte ihres Lebens taten.
Mein Ausflug ging nur bis zur Zimmertür und zurück, doch er klappte ganz gut.
»Wenn das nix war, dann weiß ich's auch nicht!« sagte Schwester Gabi freudestrahlend, als ich wieder im Bett lag.
»Morgen gehen wir auf den Flur, ja?« drängte ich.
»Von mir aus«, antwortete Schwester Julia und zuckte mit

den Schultern, da sie ohnehin wußte, daß jeder Widerstand zwecklos gewesen wäre.

Um elf Uhr klopfte es an der Tür. Die Visite war schon vorbei, die Krankengymnastin, die mit mir jeden Tag Muskelkräftigungsübungen machte, klopfte nie an, bevor sie das Zimmer betrat, und die Besuchszeit hatte noch lange nicht begonnen. Wer konnte das also sein?
»Herein!«
Ein liebes bekanntes Gesicht erschien zaghaft durch den Türspalt.
»Ich will dich nicht stören«, sagte Silke.
»Du störst doch nicht! Komm rein! Ich freue mich so, dich zu sehen. Ich hab dir sooo viel zu erzählen!« rief ich aufgeregt.
Wir umarmten uns zur Begrüßung.
Silke war zur Nachuntersuchung in der Ambulanz gewesen und hatte sich auf gut Glück zur Station geschlichen, um mich zu besuchen. Sie konnte nicht lange bleiben, weil sie nach der Untersuchung wieder zur Schule mußte, die sich direkt neben dem Krankenhaus befand. Silke freute sich, daß es mir besserging.
»Du siehst wesentlich besser aus als am Anfang«, sagte sie.
»Das will ich hoffen!«
»Kannst du dich daran erinnern, wie mies es dir noch vor ein paar Wochen ging?«
»Allerdings«, antwortete ich. »Ich weiß noch, daß du mir immer die Brechschale geben mußtest, wenn ich aus der Narkose aufwachte.«
Wir lachten.
»Irgendwie kommt es mir vor, als ob seitdem Jahre vergangen wären«, sagte ich nachdenklich.

Nachmittags wurde endlich das ersehnte Fernsehgerät gebracht. Das Ding lief den ganzen Tag; Reportagen, Nachrichten, Wetterbericht, Zeichentrickfilme, Spielfilme, ich schaute mir einfach alles an. Mein Nachholbedarf war enorm. Natürlich las ich nebenbei ein Buch. Mein Vater meinte, ich sei schon fast wieder die alte Margit. Er wußte nicht, wie falsch er damit lag. Ich würde nie wieder die alte Margit sein, körperlich nicht und seelisch auch nicht, dazu war viel zuviel geschehen.

Am Montag erschienen Schwester Gabi und Schwester Julia nicht mit dem »Esel« zu den täglichen Gehübungen.
»Wir haben was Neues für dich«, kündigte Schwester Julia an.
»Kein ›Esel‹ mehr? Dabei war ich doch gerade dabei, den Stationsschnelligkeitsrekord zu brechen. Zwei Meter unter einer Minute«, scherzte ich.
Schwester Gabi zeigte mir die Neuerung, bestehend aus Gehstützen.
»Oh, Krücken«, rief ich begeistert.
»Das sind keine ›Krücken‹. Gewöhn dir das Wort gar nicht erst an! Das sind Unterarmgehstützen«, korrigierte mich Schwester Julia.
»Wieso, was gefällt Ihnen an ›Krücken‹ nicht?«
»Das klingt so abfällig.«
»Sie ham vielleicht Sorgen«, entgegnete ich lachend.
»Mir gefällt ›Krücken‹ auch besser«, flüsterte mir Schwester Gabi ins Ohr.
Es dauerte eine Weile, bis ich mich an die Unterarmgehstützen gewöhnt hatte. Verglichen mit dem Esel, gaben sie nicht halb soviel Halt, und ich lief etwas wacklig über den Flur.

Drei Tage später klappte das Stützenlaufen fast perfekt. Das gab mir eine Überdosis Selbstvertrauen, so daß ich es eines Nachmittags wagte, ohne fremde Hilfe aus dem Bett zu steigen, um am Fernsehgerät vom ersten Programm auf das zweite zu schalten, natürlich ohne Stützen.
Das Umschalten ging wie geschmiert, doch als ich auf dem Rückweg zum Bett war, verließ mich die Kraft. Ich schaffte es gerade noch, mich mit dem Oberkörper auf das Fußende meines Bettes zu legen. Ich mußte ja urkomisch aussehen. Nach Hilfe klingeln konnte ich nicht, weil die Klingel außerhalb meiner Reichweite war. Rufen wollte ich nicht, das war mir zu peinlich. Also konnte ich nur darauf warten, daß meine Kräfte zurückkehrten und ich in der Lage war, mich selbst ins Bett zu ziehen.
Obwohl die Situation ziemlich aussichtslos war, mußte ich plötzlich lachen. In diesem Moment kam Schwester Julia ins Zimmer.
»Was tust du denn da?« rief sie entsetzt und war sofort neben mir, um mich hochzuziehen.
Ich lachte immer noch.
»Ich brauche Hilfe!« brüllte sie in Richtung Flur.
Sofort kamen zwei Schwestern angerannt. Nachdem ich wieder im Bett war, mußte ich mir aus drei Mündern gleichzeitig die schlimmsten Vorwürfe anhören.
Ich hielt mir die Ohren zu.
»Ich wollte bloß das Fernsehprogramm umstellen«, erklärte ich kleinlaut, als meine Retterinnen sich einigermaßen beruhigt hatten.
»Wenn du gefallen wärst und dein Bein wieder aufgeplatzt wäre!« warf mir Schwester Julia vor.
»Wie kommst du dazu, einfach aufzustehen?« entrüstete sich Schwester Beate.
»Wolltest wohl abhauen, wa?« fragte Schwester Gabi.

»Schande auf mein Haupt!« sagte ich und mußte wieder lachen.
Die drei hatten sich von dem ersten Schrecken erholt und sahen schon wesentlich entspannter aus.
»Wie se da gehangen hat, wa ja eigentlich 'n Bild für's Familienalbum wert«, meinte Schwester Gabi plötzlich.
Nun fingen die Schwestern auch an zu lachen.
»Ich mach es nie wieder!« versprach ich und hielt die Hand zum Schwur nach oben, *ohne* hinter dem Rücken die Finger zu kreuzen.

Am Freitag nach der Visite erschien ein netter älterer Herr, der sich mir als Herr Rascheck vorstellte. Er war der Leiter der physikalischen Therapie.
Er begutachtete mein Bein und entschied, daß die Wunden so weit geheilt waren, daß ich ab Montag ins Bewegungsbad durfte.
Ich hatte ein wenig Angst davor, denn ich war mir absolut sicher, daß ich sofort absaufen würde, sobald ich mich im Wasser befand. Und wie sollte ich überhaupt in das Becken kommen?
Montag mittag wurde ich mit meinem Bett in die Bäderabteilung direkt vor das Schwimmbad gefahren. Vom Bett aus rutschte ich auf eine Art Liege, die an einem Kran befestigt war. Indem die Liege ins Wasser gesenkt wurde, gelangte ich in das Becken.
Herr Rascheck paßte auf mich auf und erklärte mir die Bewegungsübungen. Dank der Auftriebskraft des Wassers konnte ich sogar ohne Schwierigkeiten laufen.
Ich stellte fest, daß ich völlig umsonst Angst gehabt hatte.
Nach dem Bad hatte ich einen Bärenhunger. Zu Mittag gab es Hühnchen mit Kartoffeln und Gemüse. Ich aß den ganzen Teller leer und hätte am liebsten noch eine Portion

verschlungen, wenn das nicht so unverschämt ausgesehen hätte. Langsam nahm ich wieder zu, aber ich sah immer noch dünn aus. Schwester Evi hatte mich am Samstag gewogen. Die Waage hatte fünfundvierzig Kilo angezeigt.

Nach zehn Tagen stellte ich die Stützen in die Ecke. Ich konnte jetzt wieder alleine laufen und ging sogar zu Fuß zur physikalischen Therapie, natürlich in Begleitung. Onkel Otto ging neben mir her und trug mein Badezeug. Er hielt mir die große Schwingtür der Therapie auf.
»Bitte, Madame!« sagte er und verbeugte sich leicht.
Herr Rascheck wartete schon auf mich.
»Dies ist James, mein Butler«, erklärte ich dem Masseur.
»Kommen Mylady jetzt selbst zurecht?« fragte Onkel Otto, der jeden Spaß mitmachte.
»Sicher, James, Sie können sich zurückziehen!« sagte ich hochnäsig.
Nach dem Bewegungsbad brachte mich Herr Rascheck in den Gymnastikraum.
»Setzt dich bitte auf diese Liege.«
»Was kommt denn jetzt noch?« fragte ich überrascht.
»Wir sollen Bewegungsübungen machen, damit du dein Bein bald wieder beugen kannst.«
Ich nahm auf der Liege Platz, und Herr Rascheck setzte sich auf einen Hocker, der vor mir stand.
»Jetzt zeig mir mal, wie weit du das Knie beugen kannst.«
Ich versuchte es, doch es blieb gestreckt.
»Mehr geht nicht«, sagte ich.
»Das ist weiß Gott nicht viel.«
»Meinen Sie, daß ich es irgendwann wieder richtig krumm machen kann?«
»Das denke ich schon, doch wir werden eine Menge Arbeit haben. Du mußt auch alleine viel üben.«

»Kein Problem, ich tue alles, damit ich wieder normal laufen kann.«
»Es wird weh tun.«
Ich nickte. Damit hatte ich insgeheim schon gerechnet. Wir begannen mit den Übungen. Herr Rascheck hielt mit der linken Hand das Knie fest, mit der rechten versuchte er den Unterschenkel gegen die Bewegungssperre zu beugen. Ich hätte vor Schmerzen schreien können, biß aber die Zähne zusammen und schaute auf mein rechtes Knie. Es hatte sich nicht einen Millimeter bewegt. In diesem Moment war ich mir absolut sicher, daß mein Bein für immer steif bleiben würde.
Nach zehn Minuten, in denen Herr Rascheck mich stetig mit derselben schmerzhaften Übung folterte, saß ich schweißgebadet auf der Liege.
»Genug für heute. Das war gar nicht schlecht«, meinte er.
»Darf ich raten? Das machen wir jetzt jeden Tag, nicht wahr?«
»Du hast es erfaßt.«
»Na prima, endlich wieder was, worauf ich mich so richtig freuen kann«, entgegnete ich spöttisch.

Vor der Chefarztvisite am Montag morgen wurde ich von Doktor Lerche sehr sorgfältig untersucht. Mit Hilfe eines Winkelmessers stellte er den Bewegungsausschlag meines rechten Knies fest.
»Dreißig Grad«, murmelte er vor sich hin.
»Wer braucht schon mehr als dreißig Grad Beweglichkeit im Kniegelenk«, war mein herzerfrischender Kommentar dazu.
Doktor Lerche ließ sich nicht beirren und untersuchte mich munter weiter. Er schrieb seine Ergebnisse mit einer

Klaue, für die mein Deutschlehrer mich geviertelt hätte, hastig in das Krankenblatt.
Während der Chefarztvisite trug er seine Aufzeichnungen vor.
»Gut«, sagte Doktor Lindemann daraufhin zu mir, »dann kannst du entlassen werden.«
»Entlassen? Ich? Wann?« fragte ich völlig überrascht.
»Wenn du es schaffst, bis morgen deinen ganzen Kram zusammenzupacken, dann kannst du morgen vormittag verschwinden«, antwortete der Chefarzt freundlich.
»Is nich wahr!«
»Doch! Und vergiß Peng-Boing nicht.«

»Ich muß sofort telefonieren!« rief ich Schwester Julia entgegen, als sie nach der Visite in mein Zimmer kam. In der Aufregung fand ich keine Groschen für den öffentlichen Fernsprecher, der sich in der Eingangshalle des Krankenhauses befand.
»Käse, jetzt hab ich keine Münzen. Was mach ich bloß?«
In Sekundenschnelle durchsuchte ich jeden Winkel meines Nachttischs – ohne Erfolg.
»Dann telefonierst du einfach von unserem Apparat aus«, schlug Schwester Julia vor.
»Oh, das wäre phantastisch!« jubelte ich und fiel ihr vor Freude um den Hals. »Ich komm raus, ich komm raus! Können Sie sich das vorstellen?«
Sie lachte.
Nachdem ich meiner Mutter lauthals die Neuigkeit verkündet hatte, schlug ich vor, daß meine Eltern heute lieber mit einem Lkw kommen sollten, um den ganzen Plunder, der sich über ein Viertel Jahr hier angesammelt hatte, abzuholen.
»Und vergiß nicht, eimerweise Sekt für das Pflegepersonal mitzubringen!« rief ich glücklich in die Sprechmuschel.

»Nun beruhig dich erst mal«, erwiderte meine Mutter lachend, aber das war einfacher gesagt als getan.
Nach drei Monaten durfte ich wieder nach Hause. Wenn das kein Grund war, aufgeregt zu sein!

Am Dienstag um zehn Uhr saß ich, mit Jeans, T-Shirt und einer leichten Sommerjacke bekleidet, auf meinem Bett. Neben mir stand eine kleine Sporttasche, die zwei Handtücher, einen Waschlappen, meine Zahnbürste, Zahnpasta, eine Haarbürste, mein Nachthemd und mein Portemonnaie enthielt.
Nachdem meine Eltern gestern eine radikale Aufräumaktion gestartet hatten, an der sich unser Fernsehtechniker ebenso beteiligte wie Onkel Ulrich samt Auto, feierte ich meine Entlassung mit den Schwestern und Pflegern der Station. Sogar Doktor Lerche nahm sich Zeit, ein wenig mitzufeiern. Ich versprach, mich regelmäßig sehen zu lassen, was mir nicht schwerfiel, da ich sowieso jeden Tag zur Therapie und einmal in der Woche zur Nachuntersuchung in die Ambulanz mußte.
Nun wartete ich auf meine Entlassungspapiere. Schwester Beate brachte sie mir.
»Das gibst du alles deinem behandelnden Arzt. Und denk dran, daß du ab morgen wieder in der physikalischen Therapie erscheinen mußt.«
Ich nahm die Unterlagen und steckte sie in meine Tasche.
»Jetzt brauch ich nur noch ein Taxi.«
»Ich ruf gleich an.«
»Danke. Das war's dann also. Ist schon ein komisches Gefühl«, gestand ich.
Ich nahm meine Tasche und schaute mich ein letztes Mal in meinem »Apartment« um, das nun endgültig weitervermietet werden konnte.

Da ich mich schon von allen verabschiedet hatte, humpelte ich langsam zur Eingangshalle. Dort wartete ich auf mein Taxi. Onkel Ulrich hatte mir angeboten, mich mit dem Auto abzuholen, aber das wollte ich nicht.
Niemand konnte sich vorstellen, wieviel es mir bedeutete, allein durch die Halle zu gehen und mich in ein Taxi zu setzen, das mich ins »normale Leben« zurückbrachte.

10

Der Taxifahrer war ein netter, hilfsbereiter Mann um die Fünfzig. Als er sah, daß ich mit dem Einsteigen erhebliche Probleme hatte, verstellte er den Beifahrersitz, so daß ich mit meinem steifen Bein bequem sitzen konnte.
»Was nicht paßt, wird eben passend gemacht«, sagte er und rieb sich tatkräftig die Hände.
Ich erzählte ihm auf der Heimfahrt meine Leidensgeschichte in Kurzform. Er hörte interessiert zu. Ich redete ohne Unterlaß. Ich wußte nicht, warum ich einem völlig Unbeteiligten, der weder medizinisch noch familiär etwas mit mir zu tun hatte, den ganzen Kram erzählte; sicher nicht, um Mitleid zu erregen, eher weil ich nervös war.
Was würde zu Hause auf mich zukommen? War noch alles so, wie ich es verlassen hatte? Oder sollte die Frage heißen: War ich noch so, wie ich mein Zuhause vor drei Monaten verlassen hatte? Die Antwort auf diese Frage kannte ich sehr genau, und deshalb würde es Probleme geben.
Das Taxi hielt vor unserem Haus an. Ich hatte es viel größer in Erinnerung.
Ich gab dem Fahrer einen Taxischein, den ich von Schwester Beate erhalten hatte. Die Krankenkasse oder sonstwer würde die Fahrt bezahlen.
»Ich wünsche dir alles Gute. Und laß dich auch weiterhin nicht unterkriegen«, sagte der Taxifahrer freundlich, als ich ausstieg.
»Danke fürs Fahren und fürs Zuhören«, erwiderte ich und lächelte kurz.
»Gern geschehen.«

Er fuhr weg. Meine Eltern kamen aus dem Haus gelaufen.
»Da bist du ja!« rief meine Mutter aufgeregt und umarmte mich.
»Willkommen zu Hause!« sagte mein Vater, der mir sofort die Sporttasche abnahm.
Wir gingen ins Haus. Als ich am Eßtisch saß, überfiel mich plötzlich ein unangenehmes, beklemmendes Gefühl. Ich bekam keine Luft mehr. Der Raum schien immer kleiner zu werden, die Zimmerdecke senkte sich, ich schnappte nach Luft, riß die Balkontür auf und trat ins Freie. Draußen ließ die Panik sofort nach. Ich hatte mich an die hohen Krankenhausräume und die langen Flure gewöhnt, so daß mir unser Eßzimmer jetzt wie ein Mauseloch vorkam.
Ich schaute mir den Kirschbaum in Schröders Garten an und tat so, als ob nichts geschehen wäre.
»Hier hat sich aber viel verändert«, sagte ich zu meinen Eltern.
»Hier hat sich überhaupt nichts verändert«, entgegnete Papa erstaunt.
»Als ich ins Krankenhaus kam, hatte der Baum noch keine Blätter. So habe ich ihn in Erinnerung.«
»Willst du dir denn gar nicht deine Geschenke ansehen?« fragte Mutti.
»Geschenke?«
»Deine Geburtstagsgeschenke.«
»Die hatte ich schon ganz vergessen.«
Ich ging wieder ins Haus; diesmal blieb der Platzangstanfall aus. Mutti holte alles, was sich in drei Monaten an Geschenken angehäuft hatte. Ich hatte den ganzen Nachmittag zu tun, um die Sachen durchzusehen und die beigelegten Karten zu lesen. Zwischendurch klimperte ich immer wieder auf der Gitarre, die genauso aussah wie die auf dem

Bildchen, das mir Papa vor langer, langer Zeit in einer anderen Welt gezeigt hatte.

Abends im Bett fing die Panik wieder an. Ich mußte die erste Nacht ohne meine Beinschiene schlafen und wußte einfach nicht, wie ich liegen sollte. Mutti machte aus Sofakissen eine Schiene.
Um ein Uhr schlief ich endlich ein.
»Du mußt dich erst wieder einleben«, sagte Mutti beim Frühstück.
Ich war nervös und gereizt. Statt mich zu freuen, daß ich wieder zu Hause war, wünschte ich mich in mein Krankenhauszimmer zurück. Außer meiner Beinschiene, den langen Fluren und den hohen Räumen vermißte ich die Schwestern, die Pfleger und ganz besonders Onkel Otto.
Als ich mit dem Taxi zur physikalischen Therapie fuhr, atmete ich regelrecht auf. Ich wußte nicht mehr, wo mein Zuhause war. Der Mensch ist ein Gewohnheitstier. Aber reichten drei Monate aus, um im Hirn so verdreht zu werden, daß man ein Krankenhaus als sein Zuhause ansehen konnte?
In den ersten Wochen nach meiner Entlassung stattete ich der Station jeden Tag, nachdem ich aus der Bäderabteilung kam, einen kurzen Besuch ab.
Nach vier Wochen meinte Herr Rascheck, daß ich nun mit drei Therapiesitzungen in der Woche auskäme.
Die Beweglichkeit im Kniegelenk wurde immer besser. Es ging zwar langsam voran, aber es ging wenigstens voran. Zu Hause übte ich wie besessen, so daß ich manchmal rasende Schmerzen im Gelenk hatte. Gut, daß das keiner wußte, denn sonst hätte man mir das Üben sofort verboten.
Einmal pro Woche mußte ich mich zur Untersuchung in

der Ambulanz melden. Dort bekam ich auch die Taxischeine für die nächste Woche.
»Ohne Ambulanz keine Taxischeine!« sagte Herr Büttner, der Pfleger in der Ambulanz, zu mir, als ich mich beklagte, den größten Teil meiner Jugend im Warteraum der chirurgischen Ambulanz zu vertrödeln.
Die Ärzte verschrieben mir unzählige Cremes und Salben zur Narbenbehandlung, die ich mindestens dreimal am Tag auftragen sollte. Jede Woche wurde mir eingebleut, wie wichtig diese Präparate seien. Die angenehmste Duftnote der Salben roch nach ranzigem Lebertran.
Eines Tages stellte ich mich zum Eincremen vor den großen Spiegel im Schlafzimmer. Es war das erstemal nach dem Unfall, daß ich mich im ganzen sah. Mein Spiegelbild schockierte mich so sehr, daß ich vor Entsetzen und Verzweiflung weinen mußte. Mein rechtes Bein schaute aus wie ein Holzbein. Am schlimmsten aber war die Erkenntnis, daß sich das niemals ändern würde, auch nicht, wenn ich alle Salben der Welt draufschmieren würde.
»Muttiii!« schrie ich.
Meine Mutter kam im Eiltempo ins Schlafzimmer gelaufen.
»Was ist denn?«
»Guck dir das an!« schluchzte ich.
»Na und?«
»Das sieht aus wie ein Holzbein. Wie soll ich damit leben?«
»Du kannst doch nichts dafür.«
»Du verstehst das nicht. Soll ich mir etwa 'nen Zettel dranhängen, auf dem steht, daß ich unschuldig an dieser Ekelkreation bin?« jammerte ich. »Jeder, der das hier sieht, wird kotzen. Ich bin ein Kinderschreck geworden! Kennst du nicht jemanden, dem du eins auswischen willst? Dann

brauchst du ihm nur deine Tochter im Badeanzug zu zeigen.«
Ich rastete völlig aus. Es bedurfte viel Mühe und Geduld meiner Eltern, mir wieder neues Selbstvertrauen zu geben.

Im Krankenhaus war jede Verbesserung meiner zunächst aussichtslosen Lage begeistert gefeiert worden. Doch wenn man in die Normalität zurückkehrt, wird man ausschließlich an ihren Maßstäben gemessen. Plötzlich ist man kein Held mehr, sondern ein Ausgestoßener.
Ich mußte lernen, mit dieser Situation umzugehen. Vor allem nützte es nichts, sich mit Selbstmitleid und Verzweiflung das Leben schwerzumachen.
An manchen Tagen schaffte ich es gut, die Tatsachen zu akzeptieren, an anderen Tagen fiel ich dagegen in tiefe Depressionen.
Nach einigen Monaten hatte ich meinen Weg gefunden. Inzwischen erhielt ich Privatunterricht von einer netten jungen Lehrerin, die zu uns ins Haus kam. Ich paukte den versäumten Lehrstoff verbissen in mich hinein. Auf jeden Fall wollte ich es schaffen, wieder in meine alte Klasse zu kommen.
Mutti und ich hatten der Klasse eines Morgens einen Besuch abgestattet. Als ich den Unterrichtsraum betrat, wurde es plötzlich mucksmäuschenstill. Alle starrten mich an, und ich sah viele Augenpaare leuchten. Jetzt wußte ich, daß ich in dieser Gemeinschaft weiterhin anerkannt wurde, und so flehte ich später den Direktor unserer Schule an, mich nicht zurückzuversetzen. Er hatte Verständnis für meine Situation und versprach mir, daß ich, wenn ich fleißig lernte, in meine geliebte Klasse zurückkäme.

Mein Tagesprogramm war mit Privatunterricht, Bewegungsbad, Krankengymnastik und Besuch so ausgefüllt, daß ich keine Zeit mehr hatte, mich mit quälenden Fragen herumzuschlagen. Außerdem fand ich heraus, daß die meisten Probleme »selbstgemacht« waren und ich neunundneunzig Prozent davon mit Phantasie, Mut und Schlagfertigkeit bewältigen konnte.
Phantasie brauchte ich zum Basteln irgendwelcher Hilfsmittel, die mich wieder in einen »normal« aussehenden Menschen verwandelten, wie zum Beispiel ein dicker Schal, den ich mir mit drei elastischen Binden um das dünne Bein wickelte, um damit das rechte Hosenbein meiner Jeans auszufüllen.
Mut benötigte ich, um mich schwierigen Situationen zu stellen. Der Gang von der Umkleidekabine ins Bewegungsbad unter den mitleidigen Blicken immer wechselnder Mitpatienten war für mich jedesmal ein Spießrutenlaufen gewesen, doch nachdem ich freundlich lachend ihren Blicken begegnete, löste sich mein Unbehagen in Luft auf. Es lag an meiner inneren Einstellung, ob ich durch die Hölle gehen oder mein Bein als einen unabänderlichen Teil von mir anerkennen wollte.
Zeigte ich meiner Umwelt, daß mir mein Handicap nichts ausmachte, reagierte sie ebenfalls unbefangen darauf. Ich erzählte meine Geschichte im Laufe der Therapiezeit mindestens hundertmal. Die Menschen, die mir zunächst mit Mitleid, Unsicherheit und auch übermäßiger Hilfsbereitschaft begegneten oder mich einfach nicht beachteten, gestanden mir später, daß sie nicht gewußt hatten, wie sie sich mir gegenüber verhalten sollten.
Die Schlagfertigkeit wandte ich immer dann an, wenn die Leute mit dummen Sprüchen kamen.
Eine Dame sagte mir, daß sie schon Schwierigkeiten damit

habe, ihre sechs Zentimeter lange Narbe zu verkraften. Mit so etwas, dabei deutete sie auf mein Bein, könnte sie nicht leben. Ich antwortete ihr, daß so etwas auch seine Vorteile habe. Sie schaute mich ungläubig an.
»Wenn ich zum Beispiel im Suppentopf eines Kannibalen lande«, erklärte ich ihr mit ernster Miene, »dann kann ich ihm erzählen, daß mich schon ein anderer Kannibale angeschnitten hat und mich gehen ließ, weil ich absolut ungenießbar bin. Können Sie das auch?«
Ohne eine Antwort abzuwarten, schwamm ich seelenruhig zum gegenüberliegenden Beckenrand. Mein Gesicht tauchte ich dabei ins Wasser, damit die gute Frau mein breites Grinsen nicht sah. In Gedanken hörte ich Doktor Nicolai Beifall klatschen.

Im November fand die Gerichtsverhandlung statt. Der Lkw-Fahrer stand wegen fahrlässiger Körperverletzung unter Anklage. Da ich von einem Anwalt und meinen Eltern vor Gericht vertreten wurde, entschied ich mich, nicht mitzugehen. Nicht, weil ich Angst davor hatte, alles noch einmal erleben zu müssen, sondern weil es mich einfach nicht interessierte. Ich empfand keinen Haß gegenüber dem Fahrer. Sicher sollte er bestraft werden, schon deshalb, weil die Strafe als Abschreckung dient und andere Autofahrer zur Vorsicht im Straßenverkehr mahnt. Doch mit Strafe allein würden die Verantwortlichen das Problem der Verkehrsunfälle nicht lösen.
Und was nützte mir Haß? Der junge Mann hatte mich mit Sicherheit nicht absichtlich überfahren. Ich würde nie vergessen, wie hilflos und entsetzt er mich ansah, als er nach dem Unfall aus dem Lkw stieg.
Ich fragte mich, wieviel Schaden der Unfall bei ihm ange-

richtet hatte? Nicht materiell oder körperlich, sondern seelisch.
Das Gericht verurteilte den Lkw-Fahrer zu einer Geldbuße und erteilte ihm ein Jahr lang Fahrverbot.

Sieben Monate nach meinem Unfall durfte ich wieder zur Schule gehen. Ich lebte erster Klasse, denn ich wurde jeden Tag mit dem Taxi zum Schulgebäude gebracht. Um sowenig Aufsehen wie möglich zu erregen, ließ ich mich ein paar Meter vom Schulhof entfernt absetzen und ging den Rest zu Fuß.
Der Rektor hatte sein Versprechen gehalten, ich durfte in meine alte Klasse zurück. Dort wurde ich sehr herzlich aufgenommen. Ich bekam einen gepolsterten Stuhl aus dem Lehrerzimmer, und wenn wir den Klassenraum wechseln mußten, was am Tag mindestens zweimal der Fall war, trugen die Jungs den Stuhl hinter mir her. Anstatt zu maulen, daß sie zu so einer blöden Arbeit verdonnert wurden, rissen sie sich förmlich darum, als ob es ein besonderes Privileg wäre, meinen Stuhl zu tragen.
Die Pausen verbrachte ich immer im Klassenzimmer, weil es für mich auf dem Schulhof, auf dem es des öfteren zu Rempeleien kam, zu gefährlich war. Das fand ich gut, denn auf dem Schulhof war es mir ohnehin zu langweilig.
In jeder Pause durfte ich mir jemanden aussuchen, der mir Gesellschaft leistete. Bewerber dafür gab es genug. Ich entschied, daß diejenigen mit mir im Klassenraum bleiben sollten, die mir ihre Sorgen erzählen wollten. Das erwies sich als recht praktisch, denn dadurch sparte ich eine Menge Zeit, die ich früher nach Schulschluß aufgebracht hatte. Die Probleme blieben gleich: Jungs, Eltern, Hausaufgaben, es hatte sich nichts verändert, außer meinem Blickwinkel. Verglichen mit meinen früheren Ratschlägen,

schienen die jetzigen von einer drei Jahre älteren Margit zu stammen. Oft hörte ich: »Woher weißt du das alles?« Ich antwortete dann stets achselzuckend: »Keine Ahnung!«

Meine Mitschüler verhielten sich beispielhaft. Sie gingen mir nicht mit zuviel Hilfe auf den Geist, doch wenn ich allein nicht weiterkam, stand mir sofort jemand zur Seite, ohne ein Wort über seine selbstlose Tat zu verlieren. Mitleid kannten meine Klassenkameraden nicht. Sie behandelten mich genauso wie vor dem Unfall.
Meine Behinderung fiel nur noch dadurch auf, daß ich die Treppe Stufe für Stufe hinaufsteigen mußte. Einige Jungs aus den höheren Klassen ahmten mich nach und fanden sich dabei unwahrscheinlich witzig.
Sie hatten ihre Rechnung allerdings ohne die Jungs aus meiner Klasse gemacht.
»Laßt Margit in Ruhe!« befahl Fritz.
»Ah, da ist der Engel der Behinderten«, sagte einer der Nachahmer höhnisch zu seinen Kumpanen.
Inzwischen hatten sich einige Jungs aus meiner Klasse im Treppenhaus versammelt.
»Was ist? Will der was auf die Fresse?« fragte Christian und ging in drohender Haltung auf den älteren Jungen zu.
»Kann er haben, was?« schaltete Andreas sich ein und schaute dabei mit verschwörerisch zusammengekniffenen Augen zu Christian und Fritz.
»Das bringt doch nichts, sich mit diesen Idioten zu prügeln!« versuchte ich den Streit zu schlichten, der in eine handfeste Keilerei auszuarten drohte.
»Ist ja gut, Mann!« sagte der Nachahmer zu Fritz und hob seine Hände hoch, wie es ein Cowboy in einem Western zu tun pflegt, wenn er sich ergibt.

»Wir haben uns verstanden, klar?« hakte Fritz noch einmal nach.
»Okay, okay!« murmelte der verblüffte Junge, der mit so viel Ärger nicht gerechnet hatte.
Er drehte sich um und verschwand in Richtung Musikraum.
Ich grinste »meine Jungs« breit an und zwinkerte ihnen zu. Sie grinsten zurück.

Ich wurde nie wieder von anderen Schülern verhöhnt.

EPILOG

Ich stand, nur mit Pullover und Unterhose bekleidet, auf einem Drehhocker mitten im Untersuchungsraum des Krankenhauses, in dem man meine Haut vor einem Jahr verpflanzt hatte.
Fünf Ärzte standen um mich herum und simulierten mit Kugelschreiberstrichen die Einschnitte, die sie für eine Schönheitsoperation an meinem rechten Bein planten.
Die Versicherungsgesellschaft, die für den Unfallschaden aufkam, bestand auf einer regelmäßigen Nachuntersuchung. Heute sollten die Ärzte prüfen, ob sich mein Bein auf chirurgischem Weg verschönern ließ.
»Ja, so könnten wir die Schnitte legen«, sagte Professor Walter. »Viel versauen kann man daran sowieso nicht mehr.«

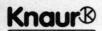

Mut zum Leben

Virginia M. Axline
Dibs Ein autistisches Kind befreit sich aus seinem seelischen Gefängnis

(813)

Linda Scotson
Doran
Ein gehirngeschädigtes Kind wird mit ungewöhnlichen Methoden geheilt

(2350)

Torey L. Hayden
Bo und die anderen
Vier schwererziehbare Kinder finden ihren Weg

(2329)

Susan Schaller
Leben ohne Worte
Ein Taubstummer lernt Sprache verstehen
Vorwort von Oliver Sacks

(75002)

Sheila Mottley
Sheila
Leben mit einem Contergankind

(75006)

Rachel Pinney
Bobby Aufbruch eines autistischen Kindes zu neuem Leben
Hayes/Lazzarino
Die verlorenen Kinder Die erschütternde Odyssee von fünf Geschwistern

(75010)

Knaur

Mut zum Leben

(75009)

(2338)

(2438)

(75000)

(75012)

(75007)

LEBENSHILFE PSYCHOLOGIE

John Bradshaw
Wenn Scham krank macht
Ein Ratgeber zur Überwindung von Schamgefühlen

LEBENSHILFE PSYCHOLOGIE

(84003)

Sidney B./Suzanne Simon
Verstehen Verzeihen Versöhnen
Wie man sich selbst und anderen vergeben lernt

LEBENSHILFE PSYCHOLOGIE

(84005)

Claude Bonnafont
Die Botschaft der Körpersprache
Körpersignale erkennen und deuten

LEBENSHILFE PSYCHOLOGIE

(84029)

Sue Patton Thoele
Bis hierhin und nicht weiter
Wie Frauen lernen, sich selbst zu behaupten

LEBENSHILFE PSYCHOLOGIE

(84020)

Walter Kindermann
Drogen
ABHÄNGIGKEIT, MISSBRAUCH THERAPIE
Ein Handbuch für Eltern

LEBENSHILFE PSYCHOLOGIE

(84013)

Robert Bly
EISEN HANS
Ein Buch über Männer

LEBENSHILFE PSYCHOLOGIE

(84017)

Rat und Tat

(7883)

(84009)

(84007)

(7830)

(7831)

(7926)